Herausgeber der Reihe Kirche & Zukunft

Günter A. Menne – Martin Thomé – Torsten Weiler

Praxis Fundraising

Mitteleinwerbung für Gemeinden und kirchliche Einrichtungen

Modelle – Strategien – Tips

Torsten Weiler

Lemmens

Die Deutsche Bibliothek – CIP-Einheitsaufnahme

Praxis Fundraising – Mitteleinwerbung für Gemeinden und kirchliche Einrichtungen. Modelle – Strategien – Tips/Torsten Weiler – Bonn: Lemmens Verlags- & Mediengesellschaft, 1998

(Kirche & Zukunft, Bd. 1)

ISBN 3-932306-10-4

NE: Günter A. Menne, Martin Thomé, Torsten Weiler Hrsg. der Reihe Kirche & Zukunft

Anschrift des Verlages

Königswinterer Straße 95
D-53 227 Bonn
Telefon: + 49 228 46 89 56
Telefax: + 49 228 9 73 90 09
E-mail: lemmens-medien@t-online.de
Internet: http://www.lemmens.de

Umschlaggestaltung: disegno visuelle kommunikation, Wuppertal
Gesamtherstellung: Gesellschaft für Druckabwicklung, Bad Honnef

ISBN 3-932306-10-4

Inhaltsverzeichnis

Vorwort

Fundraising – ein Allheilmittel gegen leere Kassen, eine Wunderwaffe gegen zurückgehende Kirchensteuern oder der Ausverkauf des „unbezahlbaren“ Sendungsauftrags der Kirchen an einen neuen Modetrend des „Sozial-Marketings“?

Nichts von alledem. Hinter dem „Zauberwort“ Fundraising verbirgt sich ganz einfach der Versuch, die Arbeit einer Einrichtung, Gruppe oder Gemeinde so zu gestalten, daß die Menschen sie sehen, annehmen und mit Geld oder Zeit unterstützen.

Fundraising ist Beziehungsarbeit und Organisationsentwicklung – und wie Paulus' Sammlung für die Gemeinde in Jerusalem zeigt, ist Fundraising so alt wie die Kirche. Dieser Band gibt Hilfestellungen, wie kirchliche Einrichtungen und Gruppen beider Konfessionen ihr Angebot so entwickeln können, daß sie auch für private und öffentliche Geldgeber einladend und interessant sind.

Viele Tips zu erfolgreichen Initiativen verdanke ich Gemeinden und Einrichtungen, die bereits gute Erfahrungen mit Fundraising gemacht haben. Stellvertretend möchte ich den Kölner Stadtkirchenverband nennen und hier besonders Günter A. Menne und Christian Meyn-Schwarze, die mit Experimentierfreudigkeit, langem Atem und Erfolg in den Gemeinden ihrer Region solche Initiativen begleiten und fördern. Viele ihrer Erfahrungen wie auch anderer Gemeinden und Einrichtungen finden sich in diesem Buch wieder.

Einführung: Die Kunst, Förderer zu gewinnen

• *Fundraising heißt: Menschen ansprechen*

Schlechte Nachrichten für kirchliche Einrichtungen: Das Geld wird knapp. Die Kirchensteuern gehen zurück. Einrichtungen müssen schließen. Mitarbeiter sind von Entlassung bedroht. Kindergärten, Jugendhäuser und Akademien bangen um ihre Existenz. Pfarrerinnen und Pfarrer müssen Abstriche an ihrer Versorgung hinnehmen. Die Kirche reagiert vielerorts verängstigt: „Streichung" ist das meistgebrauchte Stichwort auf der Tagesordnung der Finanzgremien. Doch wo gekürzt wird, geht etwas verloren. Und wo die Kirche in die Defensive geht, wenden sich noch mehr Menschen ab. Ein Teufelskreis?

Der aktive Umgang mit Fundraising ist ein Versuch, diesen Kreislauf aufzubrechen. Fundraising bedeutet: auf phantasievollen Wegen Unterstützerinnen und Förderer zu gewinnen und so neue Ressourcen an Geld und Zeit zu erschließen – für die Gemeinde, den Seniorenkreis, den Kindergarten, die diakonische oder karitative Einrichtung. Fundraising richtet sich primär auf die Herzen der Menschen, nicht auf ihre Portemonnaies. Denn wem es gelingt, Menschen für eine Arbeit einzunehmen, findet meistens auch die Mittel, diese Arbeit zu finanzieren.

Fundraising hat also sehr viel mit Beziehungen zu tun, mit Vertrauen und Glaubwürdigkeit, mit Hinhörenkönnen und mit der Fähigkeit, „Danke" zu sagen. Die Krise, in der sich die Kirche befindet, ist eine Beziehungskrise. Eine Beziehungskrise löst man aber nicht durch Rückzug, sondern durch Dialog. Gelingender Dialog und effektive Kommunikation sind kein Zufall. Die im amerikanischen Raum schon lange beheimatete Kulturtechnik des Fundraisings ist für gemeinnützige Einrichtungen ein Schritt auf dem Weg, den Dialog mit System zu betreiben.

Im deutschsprachigen Raum haben kirchliche Gruppen und Einrichtungen darin oft noch wenig Praxis. Doch wer sich auf dieses Experiment einläßt, wird schnell erleben, wie Fundraising die Arbeit belebt. Das gilt für kleine Gruppen innerhalb der Gemeinde genauso wie für große kirchliche Einrichtungen. Wo am Anfang die Suche nach neuen Finanzquellen steht, entwickelt sich, wenn es gut geht, nach einiger Zeit eine neu strukturierte, lebendige Arbeit. Diese steht dann nicht nur finanziell auf sichereren Beinen, sondern hat auch bessere Chancen, öffentlich wahrgenommen und anerkannt zu werden. Von Beispielen wie der Suchtpräventionsstelle einer Kölner Kirchengemeinde oder der Fundraising-Arbeit für den Aachener Dom wird später die Rede sein.

Gemeinsam ist diesen erfolgreichen Initiativen: Sie haben ihre Arbeit so gestaltet, daß sie mit ihr Menschen überzeugend ansprechen. Sie haben sich im öffentlichen Leben einen festen Platz erobert. Gleichzeitig tun sich andere Gruppen und Einrichtungen schwer auf diesem „Markt", weil es ihnen nicht gelingt, die Menschen zu aktivieren. Ihnen gehen dann schnell auch die Mittel aus, ihre Arbeit zu finanzieren.

• *Kirche auf dem Markt? Theologische Konkretionen*

„Marketing-Denken“ ist für viele in der Kirche immer noch ein Reizwort. Der häufigste Vorbehalt ist, daß das Evangelium sich eben nicht „verkaufen“ lasse und daß Gemeinde nicht stromlinienförmig „Marktnischen“ suchen könne, wie es Waschmittel-Produzenten tun. Das ist richtig: Kirche kann und will sich nicht glatt machen, um zu gefallen. Ihr Auftrag ist auch, „Stein des Anstoßes“ zu sein, wenn die Situation es verlangt.

Gerade weil es so ist, muß sie zuerst genau hinhören. Denn nur wer die existentiellen Fragen kennt, kann theologisch antworten, hat der Theologe Paul Tillich nachdrücklich wie treffend festgehalten. Was die Menschen bewegt, beängstigt oder sie hoffen läßt, erfährt man – symbolisch gesprochen – auf dem Markt: in den Medien, im persönlichen Gespräch auf der Straße, in den Betrieben. In diesen „Foren“ hören die Menschen das, was die Kirche zu sagen hat. Und wenn sie dort dauerhaft nichts von der Kirche hören, wenden sie sich irgendwann – mit Herz und Portemonnaie – ab. Kirche stirbt dann den Tod der scheinbaren Belanglosigkeit.

Kirche auf dem Markt? Eine plastische Szene der Apostelgeschichte (Apg 17) ist die Situation, in der Paulus auf dem Areopag in Athen das Wort erhebt: „Menschen von Athen!“ Dabei beweist Paulus sein Geschick als jemand, der nach heutigen Maßstäben im „Marketing“-Denken äußerst bewandert war. Er hatte ein klares Ziel – die Verkündigung des auferstandenen Christus. Er hatte eine klare Zielgruppe und kannte deren „Einstellungen“: Die Athener beispielsweise verehrten Götter „in allen Stücken“, sicherheitshalber auch den „unbekannten Gott“ – daran knüpft Paulus an. Er hatte eine Strategie – seine Missionsreisen waren hervorragend geplant. Und er betrieb das, was man heute als „Controlling“ beschreiben würde: Unter anderem über den brieflichen Kontakt blieb er mit den Gemeinden auf Tuchfühlung und griff ein, wenn es sein mußte, Beispiel: Korinth.

Im übrigen war Paulus ein hervorragender Fundraiser: Was er unter widrigen Umständen an Geldmitteln für die Gemeinde in Jerusalem aufgebracht hat, sucht seinesgleichen. Kurz: Paulus war im heutigen Sprachgebrauch der erste „Marketing-Stratege“ des christlichen Glaubens, und wenn er die junge Gemeinde nicht mit diesem Maß an Einsatz, Planung und Authentizität „positioniert“ hätte, würden die Deutschen vermutlich heute noch dem Wotan opfern, anstatt – mehrheitlich – den christlichen Kirchen anzugehören.

Was heißt „Marketing“? In einer weiten Definition versteht man unter Marketing die Steuerung von Austauschprozessen in einer Gesellschaft. Dabei geht es um den Austausch von Waren gegen Geld, um den Austausch von Dienstleistungen gegen Geld – oder auch um den Austausch von Einstellungen und Werten. Beim Kauf eines Autos ist der Handel klar: Ich sehe, was ich für mein Geld bekomme. Bei einer Dienstleistung – etwa dem Kauf einer Pflegeleistung in der Sozialstation – wird es schon subtiler: Ich muß erst einmal glauben, daß das, was ich bekomme, gut ist, weil ich es vorher nicht sehen kann.

Doch auch der Austausch von immateriellen Werten vollzieht sich auf einem Markt: Wer sich am Sonntagmorgen die Zeit nimmt, in die Kirche zu gehen, erwartet dafür – vereinfacht ausgedrückt – seelische Erbauung, Trost und Zuversicht. Und wer eine Spende gibt, erhält ebenfalls eine „Gegenleistung": das Gefühl, etwas Gutes getan zu haben, das von der bedachten Organisation durch einen persönlichen Dank bestätigt wird.

Gemeinsam ist diesen verschiedenen „Austausch-Prozessen", daß sich die Partner freiwillig darauf einlassen, der „Anbieter" und der „Kunde". Das Problem der Großkirchen ist im Moment, daß viele potentielle „Kunden" offensichtlich nicht mehr das bekommen, was sie suchen, und darum auch ihre Gegenleistung einschränken: Geld (Kirchensteuern, Spenden) und Zeit (ehrenamtliche Mitarbeit). Die Frage stellt sich: Wie schaffen wir es, das sperrige „Produkt Evangelium" so zu vermitteln und die christliche Gemeinschaft so zu gestalten, daß die Menschen sich gerne für sie gewinnen lassen und auch bereit sind, Geld dafür zu geben?

• *Auch Kirchensteuern sind „Spenden"*

Kirchen unterscheiden sich von anderen „Non-Profit-Organisationen" unter anderem dadurch, daß sie Körperschaften des öffentlichen Rechts sind und daß sie Kirchensteuern einnehmen können. Dabei sind ihnen die Finanzämter behilflich – was sie sich gut bezahlen lassen. Die Kirchensteuern – in der Regel neun Prozent der Lohn- und Einkommenssteuer – sind für die, die sie zahlen, ein dicker Posten im monatlichen Budget. Da stellt sich vielen die naheliegende Frage, ob denn das eigentlich nicht reicht, und wieso sie jetzt noch über Spenden zusätzliche Mittel aufbringen sollen. Diese Frage muß man ernstnehmen.

Zwei Aspekte sollten Kirchen und kirchliche Einrichtungen deshalb in ihre Fundraising-Überlegungen mit einbeziehen. Zum ersten sind sie in der Pflicht, mehr noch als andere Organisationen in Sachen Finanzen mit offenen Karten zu spielen. Steuerzahlende Kirchenmitglieder haben ein Recht darauf zu erfahren, was mit ihren Mitteln geschieht. Viele Pfarreien, Kirchengemeinden, Bistümer und Landeskirchen legen darüber inzwischen in vorbildlicher Weise Rechenschaft ab – in Gemeindebriefen, Faltblättern und über die säkularen Medien. Dabei kommt es weniger darauf an, das komplexe – und vor allem im evangelischen Bereich mit seinem „Ortskirchensteuer-System" oft undurchschaubare – Gebilde kirchlicher Mittelverwendung bis in die letzten Verästelungen aufzuschlüsseln. Man sollte sich darauf beschränken, in einfacher Form zu erklären, wieviel Mark die Kirchensteuerzahlerinnen und Kirchensteuerzahler im Schnitt für Diakonie und Caritas, für Pfarrbesoldung und Kirchenmusik, für Jugendarbeit und Verwaltung aufbringen. Wo den Gemeindemitgliedern diese Mittelverwendung klar ist, darf man auch mit Verständnis dafür rechnen, wenn an bestimmten Punkt noch um zusätzliche Spenden gebeten wird.

Der zweite und wichtigere Aspekt: Wir sollten lernen, die Kirchensteuermittel nicht als selbstverständlichen Geldsegen zu betrachten, sondern – wie eine Spende – als freiwillige Zuwendung anzusehen und die Kirchensteuerzahler als „Förderer“ zu begreifen. Denn die Kirchensteuerzahler sind – und begreifen das auch zunehmend selber so – Arbeitnehmerinnen und Arbeitnehmer, die einen Teil ihres Einkommens freiwillig für eine Organisation abgeben, der sie sich verbunden fühlen. Und wenn diese Verbundenheit nachläßt, ziehen sie die Konsequenz und treten aus.

Wer Jahr für Jahr einen hohen Betrag für die Mitgliedschaft in einer Organisation leistet, hat völlig zu Recht gewisse Erwartungen. Die simpelste Erwartung ist die, daß die Kirchengemeinde oder Pfarrei sich einmal für diese regelmäßige Zuwendung bedankt. Doch wie häufig geschieht das? Dabei wäre es – dank der Mittel moderner EDV – so einfach, die Gemeindemitglieder einmal im Jahr persönlich anzuschreiben, um zum Ausdruck zu bringen, daß man das finanzielle Engagement schätzt, und um über die Mittelverwendung Rechenschaft abzulegen. Immerhin leben wir in einer Zeit, in der die meisten weniger Geld haben – und für viele ist die Kirchensteuer nicht nur Geben vom Überfluß, auch wenn die Bindung an die Einkommenshöhe eine der großen Stärken unseres Kirchensteuersystems ist.

Doch es geht nicht um ein taktisches Dankeschön. Es geht darum, die Kirchenmitglieder als Förderer zu begreifen, oder, um noch einmal auf die Marketing-Sprache zurückzugreifen, als „Kunden“, mit denen wir in einem – materiellen wie ideellen – Austauschprozeß stehen. Wenn wir diesen Dialog ernst nehmen, werden wir mit unseren übrigen Fundraising-Anstrengungen wesentlich mehr Erfolg haben, als wenn wir die Suche nach neuen Ressourcen nur als „technische“ Aufgabe betrachten. Von Zeit zu Zeit das Porto für einen Brief zu investieren, zahlt sich nicht nur in finanzieller Hinsicht aus, sondern auch im Sinne eines kommunikativen Gewinns, der dem „Unternehmen Kirche“ in jeder einzelnen Pfarrei und Kirchengemeinde einen belebenden Impuls gibt.

Ein Beispiel für den Versuch, „Danke“ zu sagen und gleichzeitig etwas Licht in die komplexe Mittelverwendung einer kirchlichen Körperschaft zu bringen, hat der Evangelische Stadtkirchenverband Köln mit einer von Günter A. Menne entwickelten Broschüre unternommen. Unter dem Motto „Sie tun mehr, als Sie glauben“ haben die Kölner Christinnen und Christen erfahren, was mit ihren Kirchensteuermitteln in der Domstadt passiert. Dabei jonglierte die Kirche nicht mit Millionen-Beträgen, sondern hat die Zahlen auf den „Umsatz pro Mitglied und Jahr“ von gut 601,47 Mark (im Jahr 1994) „heruntergebrochen“. Für diakonische Aufgaben, so erfahren die Leser, werden von diesem Geld 148,29 Mark verbraucht, für die Pfarrbesoldung 64,28 Mark, für Mission und Entwicklungsdienst 128,40 Mark etc. Verbunden ist die grafisch gelungene Darstellung mit Zitaten von prominenten und „normalen“ Kölner Christinnen und Christen, die in einfachen Sätzen sagen, warum sie Mitglied in dieser Kirche sind und die kirchlichen Aufgaben auch mit ihrem Geld bezahlen. Eine Darstellung, die die meisten Empfänger mit großem Interesse entgegengenommen haben.[1]

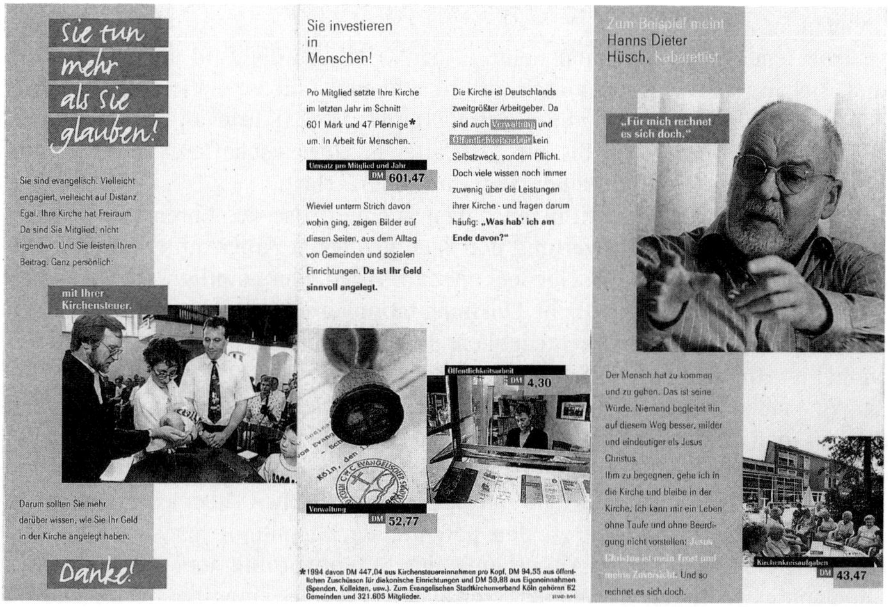

„Sie tun mehr, als Sie glauben“: Eine Informationsschrift des Evangelischen Stadtkirchenverbands Köln (Konzeption und Text: Günter A. Menne).

• *Zeit – die wertvollste Ressource*

Ein zentraler Bereich kirchlichen Fundraisings betrifft nicht das Geld, sondern die Ressource „Zeit“. Denn kirchliches Handeln lebt von der Gemeinschaft, die sie Menschen anbietet, von der Zuwendung, der helfenden Nähe und dem Trost, den sie für die „Beladenen“ bereithält. Ganz zu schweigen von der Vielzahl von Gruppen, zu denen die Kirche in ihre Räume einlädt und in denen die Gemeinschaft auf unterschiedlichste Art und Weise lebendig wird. All dies wäre ohne die große Schar der Ehrenamtlichen nicht denkbar.

Die Tradition des ehrenamtlichen Engagements hat eine ihrer wichtigen Wurzeln in den kirchlichen Werken der Diakonie und der Caritas. Vor 150 Jahren wurde die Innere Mission gegründet, vor fast 100 Jahren die Caritas. Diese Werke lebten von Anfang an sehr stark aus dem freiwilligen und unbezahlten

1 Informationen zum „Kirchensteuer-Faltblatt“:
Ev. Stadtkirchenverband Köln, Amt für Presse und Öffentlichkeitsarbeit, Kartäusergasse 9, 50678 Köln, Tel.: 0221/3382-116, Fax: 0221/3382-121.

Einsatz zahlreicher Mitarbeiterinnen und Mitarbeiter. Sie haben damit eine gute Tradition des Ehrenamts im deutschsprachigen Raum begründet. Frauen engagieren sich bei der Kirche nach wie vor überwiegend in der Kinder-, Familien- und Seniorenarbeit, während Männer ihre Zeit etwa in der Jugendarbeit und in Gremien aufwenden.

Trotzdem ist das Ehrenamt heute in der Krise. Um die Zahl derer, die bereit sind, sich irgendwo ehrenamtlich zu engagieren, buhlt eine Vielzahl von Einrichtungen und Vereinen – von der Brauchtumspflege (Karneval, Schützen) über die Freiwillige Feuerwehr bis hin zu Parteien, Gewerkschaften, Sportvereinen und den Kirchen mit dem großen Spektrum ihrer Arbeit.

Einige kirchliche Einrichtungen haben auf die Krise des Ehrenamts reagiert und Vorbildliches zur Aufwertung der unentgeltlichen Arbeit unternommen. So gibt es unter anderem verschiedene Ansätze, den Ehrenamtlern in Form von Nachweisheften eine schriftliche Dokumentation ihres kostenlosen Einsatzes zu ermöglichen – mit dem Hintergedanken, daß dieses Engagement vielleicht später einmal im Hinblick auf die Renten berücksichtigt werden könnte.

Wie viele Initiativen, haben auch die meisten Gemeinden inzwischen erkannt, daß sie um die Ehrenamtlichen aktiv werben müssen, um sie nicht an scheinbar attraktivere Gruppen zu verlieren. Sie gehen deshalb dazu über, um die Ressource „Zeit“ ähnlich wie um Spenden zu werben: über eine langfristig angelegte Beziehungspflege zu den potentiellen Ehrenamtlichen, über Fortbildungsangebote, über eine Aufwertung der Verantwortung und des Einflusses Ehrenamtlicher in den Gemeinden, vor allem aber über einen regelmäßigen und ehrlich gemeinten Dank.

• *Zwölf Grundregeln für kirchliches Fundraising*

Fundraising – das Werben um die Ressourcen Geld, Sachen und Zeit – basiert auf systematischer Kommunikation. Wer Fundraising betreibt, kann Fehler vermeiden, wenn er oder sie auf Erfahrungen zurückgreifen, die andere schon gemacht haben. Die folgenden „Grundregeln“ sind ein Versuch, solche Erfahrungswerte zusammenzufassen.

1) Fundraising ist eine zentrale „Management-Aufgabe“.

Fundraising ist nicht ein kleiner (womöglich lästiger) Teilbereich, der sich isoliert um die Mittelbeschaffung dreht, sondern beantwortet die zentrale Frage: Wie sprechen wir mit unserem eigentlichen Anliegen, – der Verkündigung des Evangeliums, dem diakonischen Engagement, unserem Gemeindeleben in Gruppen und Kreisen – die Menschen an? Fundraising ist also ein Baustein der umfassenden Konzeption einer Gemeinde oder kirchlichen Einrichtung und wichtiger Bestandteil des gesamten „Außenauftritts“. Und wo es um das Zentrum geht, ist „der Chef“ oder „die Chefin“ nicht nur das Aushängeschild, sondern auch Kopf der Planungen. Das heißt, auf lokaler Ebene ist es Sache der Pfarrerinnen und

Pfarrer beziehungsweise der Leiterinnen und Leiter von Einrichtungen, Fundraising zu organisieren und Kontakte zu pflegen. Nicht umsonst hat Paulus die Jerusalem-Kollekte zu seinem persönlichen Anliegen gemacht. In amerikanischen Non-Profit-Organisationen wenden die Leiter von Einrichtungen übrigens bis zu zwei Drittel ihrer Arbeitszeit für Fundraising auf.[2]

2) Entwickeln Sie ein überzeugendes Leitbild.

Eine Gemeinde kann eher sozialpolitisch orientiert sein (Leitbild „Samariter"), die gottesdienstliche Besinnung in den Mittelpunkt stellen (Leitbild „Oase") oder sich mit anderen Bildern in besonderer Weise identifizieren. Bei einer systematischen Leitbild-Entwicklung wird sich eine Gemeinde oder Einrichtung ihrer Eigenschaften bewußt, hält „ihr" Leitbild in für alle erkennbarer und verbindlicher Weise fest und kann es dann auch nach außen bewußt repräsentieren – zum Beispiel durch bestimmte Veranstaltungen oder ein „Logo".

Was das mit Fundraising zu tun hat? Nun, Spender geben nur einer Einrichtung Geld, mit der sie sich identifizieren können. Greenpeace beispielsweise besitzt ein klares Leitbild: den „Rainbow Warrior" („Regenbogen-Kämpfer"), Symbol des selbstlosen Einsatzes für den Erhalt der Umwelt. Wer Greenpeace Geld gibt, identifiziert sich automatisch mit diesem Image und fühlt sich dabei gut.

Einrichtungen, Gruppen und Gemeinden, die um Spenden werben wollen, sollten sich ebenfalls um ein klares Leitbild bemühen, das sie in ihrem Auftreten dann auch ausstrahlen und in dem sich Spender und Unterstützer wiederfinden können. Hilfen zu einer Leitbild-Entwicklung finden Sie im Kapitel „Eine individuelle Fundraising-Strategie entwickeln".

3) Definieren Sie den „Gewinn" für den Spender.

Wer spendet, bekommt etwas zurück – zumindest das Gefühl, eine gute Tat getan zu haben, vielleicht aber auch mehr. Bevor Sie um Spenden werben, sollten Sie diesen Gewinn klar formulieren. Was haben die Unterstützerinnen und Unterstützer davon, daß sie Sie fördern? Was bringt ihnen das Projekt, die Aktion, die Spende? Wo ist der persönliche Gewinn, den die Spender haben? Wo ist der gesellschaftliche Gewinn, an dem sie über ihre Unterstützung partizipieren? Ob es das Wissen ist, daß man in dem mitfinanzierten Gemeindehaus demnächst seinen runden Geburtstag feiern kann, der Stolz darauf, mit seinem Namen in einem „Stifterbuch" verewigt zu sein, oder das gute Gefühl, etwas für seine Kinder getan zu haben, weil man für die „Suchtprävention" gespendet hat – es gibt viele Arten, diesen Gewinn zu erleben. Und wer Spenden sammelt, sollte wissen, wie er dieses – völlig legitime – Gefühl verstärken kann!

---

2 Ausführungen von Dr. Marita Haibach, selbständige Organisationsberaterin (Wiesbaden) mit langjähriger Erfahrung über Fundraising in den USA, bei der Jahrestagung des Gemeinschaftswerks der Evangelischen Publizistik (GEP) 1996 in Hofgeismar.

4) Der Vorstand zuerst.
Das ist ein Grundsatz aller Fundraising-Initiativen aus dem Mutterland des Fundraising, den USA. Wenn Menschen um eine Spende angegangen werden, fragen die Spender gerne: „Und wieviel hat der Vorstand gegeben?“ Der Grund ist klar: Das eigene Engagement ist der beste Gradmesser für die Qualität des umworbenen Projekts. Wer für eine Sache wirbt, die einem selbst nichts wert ist, kann von ihr nicht besonders überzeugt sein. Aber wie soll man einen Menschen von einer Sache überzeugen, für die man selbst nichts gibt? Es geht ganz einfach um die Glaubwürdigkeit, die „Kongruenz“ zwischen Sammler und Spendenzweck, für die Menschen meistens ein sicheres Gespür haben.

Wieviel man selbst gibt – für unsere Verhältnisse ist das eine auf den ersten Blick befremdliche Frage. Schließlich engagiert man sich mit der eigenen Arbeitszeit für das Projekt. Aber die ist in der Regel bezahlt, und das wissen die Angesprochenen auch. Bei Ehrenamtlichen ist das etwas anderes, und die sollten ihren zeitlichen Einsatz dann auch ruhig deutlich benennen. Also, bevor Sie mit dem Hut herumgehen: Wie steht's mit Ihrer eigenen Bereitschaft, in die gute Sache wirklich etwas zu investieren?

5) Überwinden Sie die Scheu zu „betteln“.
Wir haben im deutschsprachigen Raum wenig Praxis im „Handaufhalten“, weil wir es gewohnt sind, daß der Staat wichtige Aufgaben in vollem Umfang bezahlt. Außerdem ist Eigentum bei uns ein Tabu, um Geld geht man andere Menschen nicht gerne an. Vor allem dann nicht, wenn man die Angesprochenen persönlich kennt (und diese Gruppe ist nun einmal die ergiebigste Quelle). Doch die Erfahrung zeigt: Wer von einer Sache überzeugt ist, legt auch die Scheu ab, für sie um Unterstützung zu bitten. Das ist Gewohnheitssache. Es sei denn, Sie sind von Ihrer Sache selbst nicht richtig überzeugt – dann sollten Sie auch nicht um Spenden werben, sondern Ihr Projekt einmal kritisch betrachten und gegebenenfalls revidieren.

Falls Sie das Gefühl haben, Ihre rhetorischen Fähigkeiten im Hinblick auf das Einwerben von Spenden verbessern zu sollen, organisieren Sie doch für sich selbst und andere Mitglieder Ihrer Gemeinde oder Einrichtung ein entsprechendes Training.[3] Das macht sich auch in anderen Arbeitsbereichen bezahlt. Und wenn Ihnen das Bitten um Geld immer noch Mühe macht: Halten Sie sich vor Augen, daß die Gefragten ja auch „nein“ sagen können. Wer Fundraising betreibt, sollte sich sogar darauf einstellen, daß dies die häufigste Antwort ist.

6) Menschen geben für Menschen.
... und nicht für Einrichtungen oder abstrakte Ziele. Das bedeutet, es muß Ihnen gelingen, die Bedeutung der Ziele Ihrer Arbeit in bezug auf einzelne Menschen

3 Über die Möglichkeiten von *Kommunikations-Trainings* und über entsprechende qualifizierte Trainer informieren Sie die regionalen kirchlichen Bildungswerke.

deutlich zu machen. Ein Beispiel aus einem kirchlichen Kinderheim: Nach den Pflegesatz-Kürzungen der vergangenen Jahre ist die Einrichtung genötigt, 100.000 Mark aus ihrem Etat zu sparen. Das bedeutet: Personal muß eingespart werden. Jetzt kann man abstrakt von „sich verschlechternden pädagogischen Rahmenbedingungen" reden, um deutlich zu machen, was für Folgen die Kürzung hat. Oder der Leiter der Hauses zeigt am Beispiel eines Kindes, was die Mittelkürzung konkret bedeutet: Es ist keine Zeit mehr da, um Mareike (Namen immer redaktionell ändern) bei den Hausaufgaben zu helfen etc. Das kann man sich vorstellen, da wird eine abstrakte Mittelkürzung plötzlich greifbar. Das ermöglicht Identifikation – bei politischen Entscheidungsträgern wie bei privaten Unterstützern.

Dasselbe gilt, wenn Sie um Spenden für ein Entwicklungshilfe-Projekt der Gemeinde bitten, oder Mitglieder für den Förderverein des Kindergartens werben: Nur, wer von Menschen redet, wird Menschen als Spender gewinnen.

7) Werben Sie um Spender, nicht um Spenden.

Viele Fundraising-Bemühungen scheitern, weil die Angesprochenen das Gefühl haben, es gehe nur um ihr Geld. Damit ist der „Austausch-Prozeß" schon gescheitert. Wer seine Fundraising-Anstrengungen so anpackt, verpaßt aber auch eine Chance: Förderer zu gewinnen, die die Gemeinde, die kirchliche Bücherei oder das missionarische Projekt nicht nur mit ihrem Geld, sondern auch mit ihrem Herzen unterstützen. Es bringt mehr, wenn Sie Ihre potentiellen Unterstützer erst einmal ohne finanzielles Anliegen über Ihre Arbeit informieren und zum Mitmachen einladen, als wenn Sie direkt mit der Geld-Tür ins Haus fallen. Wenn Sie erst einmal einen Freundes- und Unterstützerkreis haben, haben Sie es mit Ihrem Spendenanliegen nicht mehr schwer. Außerdem bietet Ihnen diese Art von Kontaktpflege zu Ihren Förderern die Möglichkeit, daß Ihre „Freunde" selbst als Multiplikatoren und Spendenwerberinnen aktiv werden.

8) Beteiligen Sie die Spender an Ihrer Arbeit.

Denn Beteiligung schaffen, heißt Identifikation fördern. Wenn Sie Ihre Unterstützerinnen und Unterstützer einladen, an Entscheidungen etwa über Investitionen beratend teilzunehmen, testen Sie nicht nur im Vorfeld die „Akzeptanz" dessen, was sie planen. Sie erlauben den Spendern auch, später mit Recht zu sagen: „Das Projekt war meine Idee", „Diesen Verbesserungsvorschlag habe ich gemacht". Und wer so beteiligt ist, ist automatisch ein Multiplikator, der auch Spenden einwirbt und selbst spendet.

9) Bieten Sie Lösungen an.

Kirchliche Kreise neigen dazu zu problematisieren. Das liebste Gefühl scheint oft die „Betroffenheit" zu sein. Natürlich, ohne Betroffenheit kein Impuls zur Änderung. Aber wenn Sie nur ein Problem anbieten, werden Sie bestenfalls eine Spende bekommen (damit das Problem aus den Augen ist), aber nie einen Spender. Wenn Sie eine Lösung, eine Vision anbieten, gewinnen Sie nicht nur einen Geldbetrag, sondern einen Menschen, der sich mit Ihrer Arbeit identifiziert. Probleme erschlagen, Visionen reißen mit. Machen Sie deutlich, was der Spender oder die Spenderin mit ihrem finanziellen Engagement positiv verändern kann! Dann können Sie sicher sein, daß Ihr Geldgeber weiter Interesse an dem Spendenzweck und damit an Ihrer Arbeit hat. So gewinnen Sie Freunde, die weiter dabeibleiben, mit ihrem Geld, ihrer Zeit und als Multiplikatoren.

10) Sprechen Sie alle Sinne an.

Identifikation und Vertrauen zu entwickeln, ist keine reine Verstandessache. Wenn Sie einen Spendenzweck vermitteln wollen, sprechen Sie alle Sinne an! Dazu gehört etwa eine einfühlsame Gesprächsführung ebenso wie eine ansprechende Gestaltung von Spendenbriefen oder anderen Materialien. Die Kirche ist oft „wortlastig“ und auf den Intellekt konzentriert. Aber der Mensch hat noch andere Sinne, und die verlangen auch ihr Recht. Lothar Schulz, Fundraiser der Evangelischen Stiftung Alsterdorf (Hamburg), hat das so beschrieben: „Meine Argumente müssen im Kopf des Spenders ein entspanntes Wohlbefinden erzeugen und im Herzen des Spenders ein Licht anzünden.“[4]

11) Bemühen Sie sich um Transparenz.

Ehrlichkeit und Transparenz sind wichtige Voraussetzungen für erfolgreiches Fundraising. Wer das Gefühl hat, Entscheidungsstrukturen nicht durchschauen und finanzielle Abläufe nicht nachvollziehen zu können, wird kein Geld geben, mag der Zweck noch so gut sein. Wenn Sie Ihre Karten offen auf den Tisch legen (und dazu gehört auch der Blick in Haushaltspläne), werden Sie es leichter haben, andere von der Notwendigkeit der Bitte um Geld zu überzeugen. Einen wichtigen Beitrag zur Transparenz hat der Gesetzgeber selbst übrigens mit dem „Thesaurierungs-Verbot“ geschaffen. Dieses Verbot untersagt, daß Spendengelder auf die hohe Kante gelegt werden und in irgendwelchen Rücklagen verschwinden, und schreibt positiv vor, daß die Mittel „zeitnah“ zu verwenden sind, natürlich für den Zweck, für den sie eingeworben wurden. Ausnahmen: Erbschaften, Vermächtnisse und Stiftungen, die in der Regel als Kapital zusammengehalten werden müssen.

12) Sagen Sie „Danke“.

Das wichtigste Wort, am besten im Kombination mit dem Namen des Angesprochenen (der eigene Name ist das Wort, das Menschen nach einschlägigen Untersuchungen am liebsten hören). Wer Geld für eine gute Sache gibt – auch das hat man einmal untersucht – ist ungefähr eine Woche im Hinblick auf die Spende positiv gestimmt. Wenn bis dahin kein Feedback – das heißt kein Dank – gekom-

---

4 Im Rahmen eines Vortrags bei der Jahrestagung des Gemeinschaftswerks der Evangelischen Publizistik (GEP) 1996 in Hofgeismar zum Thema „Fundraising“.

men ist, schlägt die gute Stimmung in ein negatives Gefühl um. Da schleicht sich der Verdacht der Undankbarkeit ein. Bedanken Sie sich immer – und zwar sofort, das heißt binnen weniger Tage. Großspender sollten dabei ruhig ausführlicher bedacht werden (etwa mit einem handschriftlichen Brief oder einem persönlichen Telefonat). Spender, die mit ihrer Gabe Dank ernten, werden Ihnen auch bei der nächsten Gelegenheit nicht die kalte Schulter zeigen.

Auf einen Blick: Checkliste Grundsätze

- Fundraising ist eine zentrale „Management-Aufgabe".
- Entwickeln Sie ein überzeugendes Leitbild.
- Definieren Sie den „Gewinn" für den Spender.
- Der Vorstand zuerst.
- Überwinden Sie die Scheu zu „betteln".
- Menschen geben für Menschen.
- Werben Sie um Spender, nicht um Spenden.
- Beteiligen Sie die Spender an Ihrer Arbeit.
- Bieten Sie Lösungen an.
- Sprechen Sie alle Sinne an.
- Bemühen Sie sich um Transparenz.
- Sagen Sie „Danke".

• *Kultur des Spendens – der deutschsprachige Spendenmarkt*

Spendenkultur, Spendenmarkt – für Non-Profit-Organisationen im deutschsprachigen Raum sind diese Felder noch ein relativ ungewohntes Terrain. Während im Raum der Kirche immerhin große Werke wie Misereor und Brot für die Welt über langjährige Praxis im Spendenmarketing verfügen, entdecken kirchliche Gemeinden und Einrichtungen erst in diesen Jahren die Notwendigkeit, sich nach – Kirchensteuern und staatliche Zuwendungen ergänzenden – Ressourcen umzusehen.

In den Vereinigten Staaten ist die Mischfinanzierung gemeinnütziger Zwecke schon lange Praxis. Das Engagement für das Gemeinwohl ist in den USA traditionell nicht nur Staatsaufgabe, sondern private Verpflichtung. Geld für die Allgemeinheit zu geben und sich ehrenamtlich für gute Zwecke zu engagieren, gehört einfach zum guten Ton. Und spätestens seit der Politik der „Reaganomics" mit ihrem radikalen Sozialabbau haben die gemeinnützigen Organisationen ihre Fundraising-Anstrengungen aus purer Überlebensnotwendigkeit professionalisiert.

Ein Vergleich der Einnahmequellen zeigt diesen Unterschied ganz deutlich: Während US-amerikanische Non-Profit-Organisationen sich zu einem Fünftel aus privaten Spenden finanzieren, liegt der Spendenanteil bei vergleichbaren deutschen Einrichtungen gerade einmal bei vier (!) Prozent. Dem entspricht auf der anderen Seite, daß in Deutschland weniger als 40 Prozent der Menschen überhaupt spenden, während es in den USA über zwei Drittel sind.[5] Der Spendenanteil am Einkommen ist damit in den USA mit 0,57 Prozent rund dreimal höher als in Deutschland mit 0,18 Prozent.[6]

Wofür haben die Deutschen gespendet? Eine Emnid-Umfrage im Juli/August 1996 ergab folgende „Hitliste" der Spendenzwecke. Die befragten Spender haben in den vergangenen zwölf Monaten für folgende Zwecke Geld gegeben (in Prozent, Mehrfachnennungen möglich):

Wohlfahrtspflege/Soziale Hilfe	40
Behinderten-, Krankenhilfe	34
Kirchen, Glaubensgemeinschaften	21
Umwelt- und Naturschutz	14
Sofort- und Nothilfe	11
Entwicklungshilfe (längerfristige Projekte)	7
Politische Arbeit	2
Bildung, Wissenschaft, Forschung	2
Kunst, Kultur	1

Dieselbe Umfrage ergab übrigens, daß 42 Prozent der Spender jährlich bis zu 100 Mark geben, weitere 40 Prozent zwischen 100 und 500 Mark. Weniger als ein Fünftel gab über 500 Mark.[7]

5 Quellen: Emnid-Institut 1996, Independent Sector 1996.
6 Quelle: JHCNSP, nach Focus 52/1996.
7 Quelle: Emnid 1996, nach Focus 52/1996.

Welche Organisationen haben in Deutschland von den Spenden profitiert?

Hier eine Übersicht über die größten Geldempfänger:

	Spendenaufkommen 1996 in Mio. Mark[8]
Hermann-Gmeiner-Fonds (SOS-Kinderdörfer)	233,2
Adveniat	138,7 (1995)
Bischöfliches Hilfswerk Misereor e.V.	127,6
Missio	121,4
Brot für die Welt (38. Aktion 1996/97)	111,2
Deutsche Krebshilfe e.V. (incl. Bußgelder)	89,8
Christoffel Blindenmission e.V.	77,7
Kindernothilfe e.V., Duisburg (incl. Bußgelder)	82,4
Deutsches Komitee für UNICEF e.V. (aus Grußkartenverkauf zusätzlich: 41,3 Mio)	73,4
Greenpeace e.V.	66,9
Deutsches Rotes Kreuz (Spenden nur für Katastrophenhilfe)	48,2
Deutsche Welthungerhilfe e.V.	39,4
Caritas international	40,7
Kirche in Not/Ostpriesterhilfe e.V., München (national)	28,5
v. Bodelschwinghsche Anstalt Bethel	26,9 (1995)
terre des hommes, BR Deutschland e.V. (incl. Bußgelder)	18,5
Umweltstiftung WWF-Deutschland	20,3
Word Vision Deutschland e.V. (10/94-9/95)	19,2
Naturschutzbund Deutschland (NABU) e.V. (incl. Beiträge)	17,6
Bund für Umwelt- und Naturschutz Deutschland e.V. (BUND), Bonn (incl. Beiträge und Bußgelder)	12,9

Rund 85 Prozent der Spendengelder entfallen auf die Auslandshilfe - ein Zeichen, daß Entwicklungshilfe und Katastrophen in der Dritten Welt immer noch am ehesten geeignet sind, das Mitleid der Menschen zu wecken.[9]

Insgesamt gibt es in der Bundesrepublik nach Schätzungen der Bundesregierung rund 250.000 gemeinnützige Organisationen, die steuerbegünstigt Spenden sammeln können. Jede Zehnte unter ihnen wirbt auf dem Spendenmarkt aktiv Spenden ein. Vom „Spendenkuchen" können dabei etwa 200 bis 250 Organisationen für ihre Zwecke den größten Anteil verbuchen - rund 85 Prozent des gesamten Spendenaufkommens.

8 Quelle: eigene Angaben der Organisationen.
9 Schätzung des DZI 1991/1992.

Der Spendenmarkt ist ein Markt in Bewegung. Auch hier gibt es Trends, Entwicklungen – und nicht zuletzt einen Generationswechsel unter den Spendern. Einige Tendenzen:

■ Menschen spenden nach einschlägigen Untersuchungen in der Regel erst nach dem 45. Lebensjahr. Das heißt, die „68er"-Generation ist jetzt im „spendenfähigen" Alter, und diese Generation spendet bewußter, kritischer und politischer als ältere Jahrgänge. Gesellschaftliche und Umwelt-Themen liegen eher im Spendentrend als die klassischen kirchlichen Felder.

■ Die „Zugkraft" des kirchlichen Absenders nimmt aus dem gleichen Grund ab. Auch kirchliche Organisationen müssen die Legitimation ihrer Spendenzwecke erst einmal erweisen – dazu gehören Fragen wie die der „Nachhaltigkeit" ihrer Arbeit, der Transparenz und des bürokratischen Aufwands der Spendenverwaltung.

■ Große Organisationen haben rückläufige Spendeneinnahmen zu verzeichnen: Brot für die Welt etwa beklagte für die Sammung 1995/1996 ein Minus von 6,7 Prozent im Vergleich zum Vorjahr. Das bedeutet jedoch nicht, daß die Spendenfreudigkeit insgesamt zurückgeht (sie scheint eher zu stagnieren), vielmehr bevorzugen Spender zunehmend kleine Organisationen.

■ Potentielle Spender reagieren zunehmend kritisch auf Massenbriefsendungen, auch wenn sie „persönliche Anreden" enthalten. Der Trend geht eher zu Kleinmailings und überschaubaren Werbeaktionen. Auch Spendenwerbung am Telefon nimmt zu (in den engen rechtlichen Grenzen).

■ Fundraising wird insgesamt professioneller. Die Tätigkeit des „Fundraiser" entwickelt sich zu einer eigenen Berufsgruppe.

■ Insgesamt wird der Markt enger, auch ausländische spendensammelnde Organisationen versuchen, in Deutschland Fuß zu fassen.

■ Gleichzeitig greifen die Bemühungen der spendensammelnden Organisationen, eine Art Selbstkontrolle zu betreiben, um „schwarze Schafe" vom Markt fernzuhalten. Es gibt Ansätze, „Spendensiegel" einzuführen, etwa das des Deutschen Zentralinstituts für Soziale Fragen in Berlin (DZI).[10]

• *Kirche als spendensammelnde Organisation*

Die Kirchen haben auf dem Spendenmarkt insofern schon jetzt eine gute Position, als ihre großen Hilfswerke seit vielen Jahren über Fundraising-Erfahrung verfügen. Sie sind noch die größten spendensammelnden Organisationen im deutschsprachigen Raum. Und auch in den Kirchengemeinden gibt es eine ausgeprägte Spendenkultur: Zu bestimmten Zeiten im Kirchenjahr (etwa der Weihnachtszeit) ist es bei vielen Kirchenmitgliedern noch üblich, Geld für die kirchlichen Spendenprojekte zu geben. Und Gottesdienstbesucher sind über die sonntäglichen Kollekten mit einer regelmäßigen „Spendenkultur" vertraut.

---

10 Deutsches Zentralinstitut für Soziale Fragen (DZI), Bernadottestr. 94, 14195 Berlin, Tel.: 030/8390010, Fax: 030/8314750.

Doch die Kirchen sind in Gefahr, diesen Vorsprung zu verlieren, weil ihnen als Großorganisationen und aufgrund einer allgemein eher kirchenkritischen Stimmung der Wind ins Gesicht bläst. Die Zahl der praktizierenden Christen, für die Spenden noch eine Selbstverständlichkeit ist, nimmt ab. Und bei dem Versuch, die nicht mehr aktiven Christen für Spendenprojekte zu mobilisieren, sehen sich die Kirchen einer deutlichen Konkurrenz gegenüber. Es wird für die kirchlichen Hilfswerke in den nächsten Jahren darum darauf ankommen, die Fundraising-Bemühungen einerseits zu diversifizieren und zu professionalisieren sowie andererseits die Spendenziele stärker in Pfarr- und Kirchengemeinden hineinzuvermitteln.

Neben den klassischen Hilfswerken treten nun aber zunehmend andere kirchliche Einrichtungen – vor allem lokalen oder regionalen Zuschnitts – mit eigenen Fundraising-Bemühungen auf. Daß Fördervereine von kirchlichen Kindergärten oder etwa konfessionelle Büchereien um Mittel werben, ist relativ neu. Ein wiedererwachtes Interesse gilt auf dem Hintergrund aktueller Fundraising-Bemühungen den traditionellen „Kirchbauvereinen", die durch Spendenwerbung nach dem Krieg zahlreiche Bauvorhaben ermöglicht haben.

Intern sind beim Umgang mit Fundraising vielfach Fragen des Selbstverständnisses zu klären: Wie gehen die Einrichtungen und Gemeinden selbst damit um, daß die Kirchensteuer nur noch ein Standbein der Finanzierung ist, das immer deutlicher durch andere Geldquellen zu ergänzen ist? Wie vermitteln sie das den Gemeindemitgliedern, die nicht einsehen, über die Kirchensteuern hinaus Geld zu geben? Kann man neue Gruppen in die Finanzierung kirchlicher Einrichtungen mit einbeziehen, etwa gut verdienende Ruheständler?

Neu ist auch die Konkurrenzsituation: Waren kleine kirchliche Einrichtungen bislang für andere Non-Profit-Organisationen keine Konkurrenten auf dem Spendenmarkt, ändert sich dies nun. Wer in Konkurrenz tritt, schafft sich Gegner – auch damit umzugehen, müssen Kirchenmitarbeiter lernen. Dasselbe gilt auch für kirchliche Einrichtungen, die untereinander konkurrieren: Hier die Reibungsflächen zu minimieren und Kräfte zu bündeln, kann ein Impuls für gemeinsame ökumenische Anstrengungen sein. Zudem wäre es wünschenswert, wenn die Spenden-Profis im kirchlichen Raum – eben die großen Hilfswerke – ihr Knowhow an kleinere kirchliche Einrichtungen weitergeben würden. Bislang ist, was den Erfahrungsaustausch betrifft, hier wenig Durchlässigkeit vorhanden.

Eine kontrovers diskutierte Frage ist, ob der „Spendenkuchen" sich insgesamt vergrößern läßt. Die meisten Beobachter des Spendenmarkts verneinen dies, und die Zahlen der vergangenen Jahre scheinen ihnen recht zu geben: Die Deutschen geben heute im Schnitt nicht mehr an Spenden als vor drei Jahren. Die flaue Konjunktur läßt eine Vergrößerung des Spendenaufkommens wohl im Moment auch kaum erwarten. Das bedeutet dann zwangsläufig, daß die Stücke, die die einzelnen Organisationen sich aus diesem Kuchen herausschneiden, kleiner werden, weil die Zahl der Einrichtungen, die auf den Spendenmarkt drängen, wächst.

Trotzdem scheint die Chance, hierzulande zu einer anderen Kultur des Spendens zu kommen, nicht schlecht. Gerade die kirchlichen Einrichtungen könnten einen diesbezüglichen Bewußtseinswandel unterstützen. Wobei Bewußtseinswandel sich auf drei Ebenen abspielen muß: Erstens bei den spendensammelnden Organisationen, die – vor allem, wenn es sich um bereits etablierte Einrichtungen aus dem kirchlichen Raum handelt – lernen müssen, ihr „Produkt“ auf neue und transparente Weise in die Öffentlichkeit hinein zu vermitteln, wenn sie noch eine Chance auf dem „Markt“ haben wollen. Zweitens bei den Bürgerinnen und Bürgern, die gehalten sind, mehr für soziale Einrichtungen zu geben, als sie es bisher gewohnt waren, und so mehr Verantwortung für das Gemeinwohl zu übernehmen.

Drittens sind allerdings auch die politisch Verantwortlichen gefragt, die eine solche Entwicklung nicht zum Anlaß nehmen dürfen, sich aus der staatlichen Verpflichtung der sozialen Grundsicherung herauszustehlen. Denn in dieser Hinsicht sind „amerikanische Verhältnisse“ sicherlich nicht wünschenswert. Was soziale Organisationen an eigenen Mitteln aufbringen, kann immer nur Ergänzung, nie Ersatz für eine staatliche soziale Grundversorgung sein. Auch dafür sollten sich die Kirchen in Zukunft stark machen – auch wenn sie als spendensammelnde Organisationen selber stärker auf den Plan treten.

• *Ethische Aspekte der Spendenwerbung*

Ist es richtig, wenn das Werben um Spenden für „gute Zwecke“ wie Entwicklungshilfe oder für Einrichtungen, die sich um Menschen in sozialen Notlagen kümmern, sich zunehmend auf einem „Markt“ behaupten muß? Sind unlautere Praktiken, wie sie verschiedenen spendensammelnden Organisationen inzwischen ja nachgewiesen wurden, da nicht vorprogrammiert? Sicher wirft der enger werdende Fundraising-Markt Fragen und Probleme auf. Ein wichtiger Part gerade kirchlicher Einrichtungen könnte sein, sich im Konzert anderer seriöser Wohltätigkeitsorganisationen um ethische Maßstäbe im Fundraising zu bemühen.

Ansätze zu solchen Bemühungen gibt es schon – beispielsweise das Spendensiegel des Deutschen Zentralinstituts für Soziale Fragen (DZI) in Berlin. Das DZI wird unter anderem vom Bundesfamilienministerium und vom Berliner Senat finanziert und gibt für humanitär-karitative Einrichtungen eine Art „TÜV“-Plakette heraus. Kritierien der Vergabe des DZI-Siegels sind unter anderem die Sachlichkeit der Spendenwerbung, die sparsame und nachprüfbare Verwendung der Mittel, die unabhängige Überwachung sowie die Transparenz der Rechnungslegung. Zur Seriösität spendensammelnder Organisationen gehört beispielsweise, daß der Anteil der Spenden, der für Verwaltung und Werbung aufgewendet wird, nicht unverhältnismäßig hoch ist.[11]

---

11 Genauere Informationen können beim DZI angefordert werden, Adresse siehe Fußnote 10.

Auch der Deutsche Spendenrat e.V. in Bonn kontrolliert die Einhaltung ethischer Richtlinien in der Spendenwerbung. Seine Hauptaufgabe sieht er darin, als ein Organ der Selbstkontrolle spendensammelnder Organisationen Fälle von Mißbrauch zu rügen. Vorbild ist dabei der Deutsche Presserat, der unlautere journalistische Recherchen und Beiträge öffentlich macht. Rund 30 Organisationen haben sich im Deutschen Spendenrat e.V. zusammengeschlossen und eine Selbstverpflichtung unterschrieben, deren Einhaltung jährlich überprüft wird.[12]

Ein anderer Ansatz ist die Formulierung von Selbstverpflichtungen zu „ethischem Spendenverhalten". Klaus Rieth, Pressesprecher von Brot für die Welt, hat beispielsweise folgende zehn Leitlinien für sein Hilfswerk festgehalten, die den Umgang mit den Partnern in den Hilfsprojekten wie mit den Spendern beschreiben:[13]

1. Die Würde des Menschen achten.
2. Echte Partnerschaft praktizieren. Das bedeutet, die Vorbildfunktion des Partners ernstnehmen und ihn nicht nur als Hilfsbedürftigen aufzeigen.
3. Eine sachgerechte und offene Information über das eigene Tun. Auch beim Spendenwerben sollte man sich an das achte Gebot halten: Du sollst kein falsch Zeugnis reden wider deinen Nächsten.
4. Eine würdige Sprache suchen und pflegen. Wir sollten nicht mit solch abgegriffenen Floskeln werben: „Wenn Sie nicht helfen, hilft niemand". Oder ganz deutlich kann man das daran prüfen, wie denn der, dem die Spende zugute kommt, genannt wird: Ist es der „arme Neger", der hilflose Unterentwickelte, oder ist es unser ferner Nächster? (...)
5. Im neunten und im zehnten Gebot heißt es: Du sollst dich nicht lassen gelüsten, und dann wird aufgezählt, was wir nicht rechtmäßig an uns nehmen sollten. Und trotzdem leben wir hier im Norden auf Kosten der anderen, auch auf Kosten der Menschen im Süden. Darum ist eine effektive Bildungsarbeit notwendig, die zum Spendenwerben dazukommen muß. Hier sei nur das Stichwort der Nachhaltigkeit genannt.
6. Appelle an das Mitleid müssen sein. Mitleiden, Sympathie ist wichtig. Denn unser Gewissen und unsere Gefühle sind maßgeblich. Aber nur Mitleid im Sinne von Sympathie, darunter verstehe ich den Verzicht auf grausame Bilder, die nur abschrecken, umso mehr aber Sympathiewerbung für den Nächsten, für die Hilfe zur Selbsthilfe.
7. Die Würde des Menschen ist unteilbar. Wer auf die Not der Menschen hinweist, soll auch die Ursachen (und zwar alle) nennen. Die politischen, die sozialen und die wirtschaftlichen Ursachen menschlicher Not.

---

12 Deutscher Spendenrat, Simrockallee 27, 53173 Bonn, Tel.: 0228/9355728, Fax: 0228/9355799.

13 Mit der freundlichen Erlaubnis des Verfassers aus einem Vortrag wiedergegeben, den er bei der Jahrestagung 1996 des Gemeinschaftswerkes der Evangelischen Publizistik (GEP) in Hofgeismar gehalten hat.

8. Spender und Spendenempfänger sind beides Kinder Gottes. Daß da einer mehr hat als der andere, ist nicht Gottes Wille, sondern ein Zustand, den es zu überwinden gilt.
9. Der Theologe und Philosoph Friedrich Nietzsche hat zur Nächstenliebe folgendes erklärt: „Ihr drängt euch um den Nächsten und habt schöne Worte dafür. Aber ich sage euch: eure Nächstenliebe ist eine schlechte Liebe zu euch selbst". Das heißt: Wir sollten permanent auch unsere Motivation und unser Menschenbild prüfen. (...)
10. Wir sollten beim Spendenwerben die eigene Position und Person miteinbeziehen. (...) Es scheint, wir seien durch und durch gut, denn wer sich in dieser Zeit der Ellbogen und Konkurrenz für andere einsetzt, gehört zu den Guten in diesem Land und in dieser Welt, und Anerkennung ist ihm gewiß. Dabei besteht kein Grund zur (...) Überheblichkeit. Wer sich für den Nächsten einsetzt, tut das Nächstliegende und erfüllt den Auftrag und die Verheißung Jesu Christi: „Was ihr einem dieser meiner geringsten Brüder getan habt, das habt ihr mit getan."

Ein weiteres Beispiel für eine „Selbstverpflichtung" im Hinblick auf die Grenzen eigener Fundraising-Aktivitäten sind die Ethik-Kriterien, die Klaus Schuhmacher, Öffentlichkeitsreferent der evangelischen Behinderten-Einrichtung Wittekindshof , für den Umgang mit Sponsoren aufgestellt hat.[14] Auch hier geht es vor allem um den Schutz der „Hilfsbedürftigen" vor der öffentlichen Bloßstellung und Vermarktung: „Wir haben (...) keine glücklichen Gesichter auf Bestellung zu bieten."

Die Würde des Menschen – ihre Wahrung in der professionellen Spendenwerbung und im Sponsoring immer wieder einzuklagen, ist eine besonders an die kirchlichen Einrichtungen und Organisationen gerichtete Herausforderung. Es wäre nicht der schlechteste Dienst, den die alte spendensammelnde Organisation Kirche der neu aufblühenden „Kultur des Spendens" in diesem Land leisten könnte.

14 In Auszügen wiedergegeben auf Seite 115.

Eine individuelle Fundraising-Strategie entwickeln

Eine gründliche Planung ist das Herz und das Rückgrat einer jeden Fundraising-Strategie. „Schnellschüsse“ im Erschließen neuer Geldquellen zahlen sich nicht aus, sie können umgekehrt sehr schnell nach hinten losgehen und kontraproduktiv wirken. Denn Fundraising ist ein sehr sensibler Beziehungsprozeß, der mit langfristiger „Imagepflege“, mit dem Aufbau von Glaubwürdigkeit und mit einer erkennbar guten Gesamtplanung der Arbeit zusammenhängt.

Nun ist eine Gemeinde kein „Unternehmen“, das von oben nach unten gesteuert werden kann. Das Profil der eigenen Arbeit hängt nicht nur von den Vorgaben der Hierarchie ab, sondern vor allem vom Selbstverständnis der lokal verantwortlichen Gremien wie den Kirchen- oder Pfarrgemeinderäten. Im Raum der evangelischen Kirche besitzen diese Gremien ein hohes Maß an Autonomie – ohne sie läuft nichts. Und auch im katholischen Raum haben die einzelnen Pfarren faktisch eine große Eigenverantwortung – sowohl in bezug auf Entscheidungskompetenzen als vor allem im Hinblick auf das Selbstverständnis und die Ausstrahlung der Gemeindearbeit.

Für die kirchlichen Werke und Einrichtungen gelten oft eher „betriebswirtschaftliche“ Rahmenbedingungen. Gerade hier gilt: Der Weg zum klar erkennbaren Profil – und ohne ein solches kann es keine überzeugende Fundraising-Strategie geben – führt über einen „Leitbild-Prozeß“, der die Mitarbeitenden mit einbezieht. Denn die Menschen, die die tägliche Arbeit machen, sind gleichzeitig die wichtigsten Multiplikatoren. Ob ihre „Motivation“ stimmt und für die „Kunden“ erkennbar mit den Zielen der Einrichtung übereinstimmt, entscheidet über die Glaubwürdigkeit eines diakonischen oder karitativen Angebots, einer Bildungseinrichtung oder eines Kindergartens.

Wo die Leitungsverantwortung von einem Gremium wahrgenommen wird oder Mitarbeitende in einen Entwicklungsprozeß mit einbezogen werden sollen, treffen unterschiedliche Erwartungen, Erfahrungen und Biographien aufeinander. Die Mitglieder einer Gemeindeleitung sind in den seltensten Fällen von vorneherein einer Meinung, was die Gestaltung der Jugendarbeit oder den Neubau eines Gemeindehauses angeht. Und die Mitarbeiterinnen eines kirchlichen Kindergartens haben – auf dem Hintergrund ihrer eigenen Kindheitserlebnisse – möglicherweise ganz unterschiedliche Vorstellungen vom pädagogischen Auftrag ihres Hauses.

Werden unterschiedliche Zielvorstellungen – mit einer richtigen Methodik – angesprochen und gibt ein Leitungsgremium diesen Fragen Raum, entwickelt sich idealerweise ein „Leitbild“ der eigenen Arbeit. Die verschiedenen Mitarbeiter, die gleichberechtigt an der Entwicklung dieses Leitbilds beteiligt waren, fühlen sich den gemeinsam formulierten Zielen verbunden und strahlen dies auch in ihren Außenkontakten aus. Die Pfarre oder die kirchliche Einrichtung gewinnt an Ausstrahlung und wird es auch leichter haben, im finanziellen Bereich sowie im Hinblick auf ehrenamtliche Mitarbeit Unterstützerinnen und Förderer ihrer Arbeit zu finden.

Im folgenden finden Sie ein Sieben-Schritte-Modell zu einer wirksamen Einbindung von Fundraising in ihre gemeindliche oder kirchlich-soziale Arbeit. Bevor die einzelnen Schritte mit konkreten Fragekatalogen und Checklisten erklärt werden, hier eine Kurzübersicht.

(1) Wo stehen wir? Die Analyse.
Sie untersuchen Ihre eigenen Erwartungen, Stärken, Schwächen sowie das Umfeld Ihrer Arbeit, die Situation am Ort, eventuelle Partner oder Konkurrenten. Sie fragen ab, wie andere Menschen Sie erleben und ob dies mit Ihrer Selbstwahrnehmung übereinstimmt.

(2) Wo wollen wir hin? Profil und Ziele.
Sie verständigen sich darüber, was Sie als Gemeinde oder Einrichtung verkörpern wollen, wofür Sie stehen, in welchen Arbeitsbereichen Sie in den nächsten Jahren aktiv werden wollen, welche Prioritäten Sie setzen möchten. Am Ende steht ein Leitbild, das möglichst alle mittragen.

(3) Welche Mittel tragen die Arbeit? Die Ressourcen-Planung.
Jetzt überlegen Sie, welche Zeit-, Sach- und Geldmittel Sie zur Umsetzung Ihrer Leitbild-Vorgaben brauchen. Sie stellen außerdem fest, was Ihnen an Mitteln derzeit schon zur Verfügung steht, und in welchem Umfang Sie neue Mittel und neue Arbeitskraft „akquirieren“ müssen. Vergewissern Sie sich außerdem, welche Ressourcen Ihnen zur Umsetzung Ihrer Fundraising-Strategie zur Verfügung stehen.

(4) Wie kommen wir an neue Ressourcen? Die Strategie.
Jetzt stellen Sie einen detaillierten Plan auf, der Einzel-Ziele und mögliche Quellen für Geld, Sachspenden und Mitarbeit miteinander in eine realistische Beziehung setzt. Was ist aus Kirchensteuermitteln zu finanzieren, wofür wollen wir Spenden, öffentliche Mittel oder Sponsorengelder einwerben, wofür brauchen wir ehrenamtliche „Manpower“? Sie stellen außerdem einen Zeit- und Zuständigkeitsplan auf, der die Umsetzung überprüfbar macht.

(5) Jetzt wird’s ernst: Tips zur Umsetzung.
Nun werden, falls nötig, Begleitmaterialien wie eine Selbstdarstellungs-Broschüre erstellt, Spendenbriefe geschrieben, Kommunikations-Trainings für Spendensammlerinnen und -sammler organisiert, werden Sponsoren angesprochen, Anträge auf öffentliche Förderung gestellt etc. Am Ende der Umsetzung steht die erfolgreiche Ressourcen-Akquise.

(6) Ganz wichtig: Der Dank.
Ein entscheidender Schritt: Sie halten zu den Spendern und Unterstützerinnen Kontakt. Sie bedanken sich sofort und informieren über den weiteren Fortgang Ihres Projekts. Sie tragen so dazu bei, daß aus einmaligen Spendern feste Unterstützer werden, die Ihre Arbeit langfristig mittragen.

(7) Bilanz und Kontrolle: Kommunikationsbarrieren aufspüren.
Sie kontrollieren noch einmal den ganzen Prozeß, um Kommunikations-Fallen aufzuspüren. Stimmte die Analyse? War die Leitbild-Entwicklung für alle Beteiligten nachvollziehbar? Stimmt die Selbstdarstellung Ihrer Gemeinde nach außen? Hat die Umsetzung so geklappt, wie Sie sich das vorgestellt haben? Haben Sie Ihre Ziele meßbar erreicht? Welche Fehler wollen Sie beim nächsten Mal vermeiden, welche Pluspunkte halten Sie fest?

Jetzt beginnt der Fundraising-Kreislauf von vorne – allerdings wird die Ressourcen-Beschaffung für Ihre nächsten Arbeitsziele wesentlich schneller gehen. Denn über das Leitbild haben Sie sich bereits verständigt – Schritt 1 muß nicht ständig wiederholt werden. Sie haben auch bereits an der Selbstdarstellung Ihrer Gemeinde oder Einrichtung gearbeitet – darauf können Sie nun aufbauen. Und Sie haben eine Menge neuer Kontakte – Spender, neue Mitarbeiter, Unterstützerinnen. Wenn Sie diese über regelmäßige Informationen und Einladungen am Leben der Einrichtung oder der Gemeinde teilhaben lassen, werden sie Ihnen sicherlich weiter verbunden bleiben.

Nicht zu unterschätzen ist der Zeitrahmen für die Konzeption einer solchen Fundraising-Strategie. Ein Jahr an Vorarbeiten sollten Sie einkalkulieren, bevor die Maßnahmen greifen. Die folgende Übersicht gibt Ihnen Anhaltspunkte, wieviel Arbeit Sie in welchen Phasen investieren müssen.

■ *Zeitübersicht: Der Weg zur individuellen Fundraising-Strategie*

Phase	Zeitraum	Was ist zu tun?
1	vier Monate	*Analyse* der eigenen Arbeit: Stärken, Schwächen, Umfeld, Selbst- und Fremdwahrnehmung. Optimal: Zwei Wochenend-Klausuren im Leitungsgremium, dazwischen „Hausaufgaben" für eine Projektgruppe.
2	vier Monate	*Leitbildentwicklung und Zielformulierung:* Optimal sind auch hier zwei längere Klausuren: Eine für die Beschreibung des Ist-Zustandes und die Entwicklung eines Leitbildes, die zweite für die exakte Formulierung von kurz-, mittel und langfristigen Zielen und Prioritäten.

Phase	Zeitraum	Was ist zu tun?
3	zwei Monate	*Ressourcen-Planung:* Ein weiterer Schritt, den das Leitungsgremium gemeinsam gehen sollte (zwei Abende): Wofür geben wir im Moment Geld (und Zeit) aus, welche Ressourcen sind für zukünftige Aktivitäten notwendig?
4	zwei Monate	*Strategie-Entwicklung:* Eine Arbeitsgruppe sollte sich an mindestens drei Abenden zusammensetzen und dazwischen „Fakten" recherchieren. Ziel: Ein Zeitplan mit einer abgestimmten Folge von Kommunikationsmaßnahmen, die auf die Neuerschließung von Ressourcen abzielen.
5	ein Jahr	*Durchführung der Kommunikationsmaßnahmen:* die zentrale Phase des Fundraisings. Dazu gehört das Aufbauen von Spenderkarteien, Verfassen von Spendenbriefen, Erstellen von Broschüren und Selbstdarstellungen, Pressearbeit und „Events" (Veranstaltungen, Ereignisse), gegebenenfalls das Projekt selbst, für das Sie Mittel akquiriert haben.
6	eine Woche	*Dank:* Diese Phase ist ganz wichtig und gehört noch in den fünften Schritt hinein: Jeder, der Sie mit Zeit, Geld oder Sachmitteln unterstützt, erhält umgehend einen telefonischen oder schriftlichen Dank. So machen Sie aus Einzelspendern dauerhafte Förderer Ihrer Einrichtung.
7	vier Wochen	*Kontrolle:* Lassen Sie sich Zeit, die Maßnahmen sorgfältig auszuwerten. Ein Abend in der Projektgruppe und ein Abend im Leitungsgremium. Haben Sie Ihre Ziele im gesteckten Zeitrahmen erreicht? Wo gab es Barrieren, Störungen, Reibungsflächen? Diese Fehler vermeiden Sie beim nächsten Mal.

Nach diesem Überblick nun die sieben Schritte noch mal im einzelnen und mit konkreten Arbeitshilfen für die Planung.

• *(1) Wo stehen wir? Die Analyse.*

Der richtige Ort dieser ersten Analyse ist das Leitungsgremium, das heißt der Pfarrgemeinderat, das Kuratorium einer Einrichtung, der Vorstand eines Vereins oder der geschäftsführende Ausschuß. In einem zweiten Schritt sollten Sie die

Mitarbeiterinnen und Mitarbeiter mit einbeziehen, denn sie sind diejenigen, die die Arbeit in ihren Außenkontakten vertreten.

Für diese Analyse sollten Sie sich Zeit nehmen. Ein Wochenende an einem ruhigen Ort ermöglicht die nötige Muße, das eigene Tun in Ruhe zu reflektieren und zusammenzutragen, was den einzelnen Mitgliedern an Außenwahrnehmung bewußt ist. Vorsicht: Sammeln Sie erst einmal die „Fakten", bevor Sie in den Diskussionsprozeß über eine Zielhierarchie einsteigen. Eine Leitbild-Entwicklung funktioniert nur auf der Basis einer soliden Bestandsaufnahme, deren Ergebnisse nicht vorschnell „zerredet" werden sollten.

Ein Einstieg könnte sein, die Atmosphäre und den Umgangsstil im Leitungsgremium selbst einmal kritisch zu reflektieren. Ein Hilfsmittel dazu ist das Arbeitsblatt „Profil (1): Selbstwahrnehmung des Leitungsstils". Jeder Teilnehmer der Runde beziffert seine Selbstwahrnehmung der Arbeit mit einer Zahl zwischen (+2) und (-2).

Gesprächsbedarf herrscht überall dort, wo das Ergebnis einstimmig negativ ist, oder wo die Einzelwahrnehmungen der Teilnehmer erheblich auseinanderfallen. In beiden Fällen liegen offensichtlich „Störungen" vor. Sie können gemeinsam überlegen, wie die Störungen im weiteren Verlauf der Besprechungen vermieden werden können. Wo eine Aussprache sich als schwierig gestaltet, weil vielleicht eingefahrene Muster einem offenen Diskussionsprozeß im Weg stehen, kann eine Team-Supervision oder die Hilfe eines von außen kommenden Beraters sinnvoll sein.

Aber selbstverständlich sollte man sich auch die gemeinsam empfundenen Stärken bewußt machen. Der bewußte Umgang mit ihnen ist für den weiteren Prozeß genauso wichtig wie die Wahrnehmung der Schwachstellen.

■ *Profil (1): Selbstwahrnehmung des Leitungstils*

So erlebe ich unsere Arbeit ...

effektiv und zielorientiert	+ 2	+ 1	0	-1	-2	uneffektiv und ungeordnet
Sitzungsdauer ist angemessen	+2	+1	0	-1	-2	Sitzungen dauern zu lange
ich bekomme für meine Entscheidungen immer die nötigen Informationen	+2	+1	0	-1	-2	ich habe oft zu wenig Informationen, um sicher entscheiden zu können
der Stil der Diskussionen ist sachlich und offen	+2	+1	0	-1	-2	der Stil der Diskussionen ist oft unsachlich
wir arbeiten immer gemeinsam für die Gemeinde/ Einrichtung	+2	+1	0	-1	-2	wir arbeiten zu oft als Lobbyisten für Einzelinteressen

wir haben genug Zeit für notwendige Aussprachen	+ 2	+ 1	0	-1	-2	wir haben oft zu wenig Zeit für notwendige Aussprachen
wir arbeiten an wichtigen thematischen Inhalten	+2	+1	0	-1	-2	wir sind zuviel mit Verwaltungsaufgaben befaßt
wir haben als Gremium ausreichend viele Kompetenzen	+2	+1	0	-1	-2	wir dürfen über wichtige Fragen nicht selber entscheiden
ich erlebe unser Team als „geschützten Raum", in dem vertraulich geredet werden kann	+2	+1	0	-1	-2	ich habe den Eindruck, daß Inhalte unserer Besprechungen nach außen getragen werden
ich erlebe uns auch als „geistliches" Team	+2	+1	0	-1	-2	ich finde, daß die geistliche Ebene zu kurz kommt
...	+2	+1	0	-1	-2	...
...	+2	+1	0	-1	-2	...
...	+2	+1	0	-1	-2	...
...	+2	+1	0	-1	-2	...
...	+2	+1	0	-1	-2	...

Eine zweite Analyse gilt nun nicht mehr dem Leitungsorgan selber, sondern der Wahrnehmung der Arbeit der Gemeinde oder Einrichtung. Dazu dient das „Profil (2): Stärken und Schwächen". Jeder Teilnehmer beziffert die aufgeführten Eigenschaften auf einer Skala von (+2) bis (-2). Die Bewertung (+2) bedeutet: „Ist sehr stark ausgeprägt". Die Bewertung (-2) bedeutet: „Diese Eigenschaft verkörpern wir so gut wie gar nicht." Die Tabelle kann je nach Profil der Gemeinde oder Einrichtung um weitere Eigenschaften ergänzt werden.

■ *Profil (2): Stärken und Schwächen der Gemeindearbeit*

Folgende Eigenschaften unserer Gemeindearbeitet halte ich für stark ausgeprägt (+2) beziehungsweise nicht ausgeprägt (-2). Unsere Gemeinde ...

ist seelsorgerlich orientiert	+2	+1	0	-1	-2
ist sozialpolitisch engagiert	+2	+1	0	-1	-2
ist von einladender Geselligkeit	+2	+1	0	-1	-2
ist theologisch profiliert	+2	+1	0	-1	-2

ist für neue Ideen aufgeschlossen	+2	+1	0	-1	-2
ist an der Bewahrung von Traditionen interessiert	+2	+1	0	-1	-2
ist besonders für Jugendliche offen	+2	+1	0	-1	-2
ist für Berufstätige interessant	+2	+1	0	-1	-2
ist für junge Familien einladend	+2	+1	0	-1	-2
ist eine Kontaktbörse für Senioren	+2	+1	0	-1	-2
bietet aktive Unterstützung für Hilfsbedürftige	+2	+1	0	-1	-2
stellt den Gottesdienst / die Messe in die Mitte des Gemeindelebens	+2	+1	0	-1	-2
ist auf die Kerngemeinde hin orientiert	+2	+1	0	-1	-2
geht auf Gemeindemitglieder am Rand zu	+2	+1	0	-1	-2
ist eine wichtige Größe im Leben des Stadtteils	+2	+1	0	-1	-2
macht eine gute Öffentlichkeitsarbeit	+2	+1	0	-1	-2
hat einen guten Informationsfluß unter den Mitarbeitenden	+2	+1	0	-1	-2
hat viele Ehrenamtliche	+2	+1	0	-1	-2
hat genügend finanzielle Ressourcen	+2	+1	0	-1	-2
sollte so bleiben, wie sie ist	+2	+1	0	-1	-2
braucht neue Impulse	+2	+1	0	-1	-2
...	+2	+1	0	-1	-2
...	+2	+1	0	-1	-2
...	+2	+1	0	-1	-2

Jetzt haben Sie ein relativ deutliches „Selbstbild" Ihrer Gemeinde, zumindest durch die Brille des Leitungsorgans. Wenn Sie nicht mit der Leitung einer Gemeinde, sondern einer Einrichtung wie einem Kindergarten befaßt sind, können Sie einen ähnlichen Fragebogen verfassen, der auf die Spezifika dieser Arbeit eingeht. Sie können aus dieser Selbstreflexion in zweierlei Hinsicht Schlüsse ziehen. Zum ersten: Haben wir dieselben Ziele und dieselbe Selbstwahrnehmung der Ausstrahlung unserer Gemeinde beziehungsweise Einrichtung? Zum zweiten: Stimmt unser Selbstbild mit dem Bild überein, daß andere von uns haben – zum Beispiel die Gemeindemitglieder, die nicht zur „Kerngemeinde" gehören, oder etwa die Eltern des Kindergartens?

Für die Beantwortung der zweiten Frage kann es hilfreich sein, eine Umfrage zu starten. Vielleicht finden sich ja Mitglieder der Gemeindeleitung, die Lust haben, einmal nach einem Zufallssystem Haushalte zu besuchen und sie nach ihrer Meinung über die katholische/evangelische Kirche zu fragen. Die so Befragten werden das Interesse an ihrer Meinung sicherlich sehr positiv aufnehmen – schließlich bekommen sie ja nicht jeden Tag Besuch von ihrer Gemeinde. Damit kann eine solche Umfrage ein wirksamer Baustein Ihrer Öffentlichkeitsarbeit sein. Wenn Sie die Namen und Adressen der Befragten notieren, können Sie diesen gegebenfalls zu einem späteren Zeitpunkt noch einmal schreiben und ihnen mitteilen, wie das Ergebnis der Umfrage war und welche neuen Angebote Sie in der Gemeinde möglicherweise daraus entwickelt haben.

Vor allem erlaubt Ihnen das Ergebnis aber Rückschlüsse darauf, welches „Image" Ihre Gemeinde nach außen verkörpert. Wenn Sie selbst das soziale Engagement am Ort für zentral und „markant" halten, die Befragten sich aber an ein diesbezügliches Auftreten der Gemeinde nicht erinnern können, deutet das darauf hin, daß Sie diesen Arbeitsbereich nicht gut genug darstellen. Wenn Sie die Kinder- und Jugendarbeit für nicht so zentral halten, viele Gemeindemitglieder aber gerade mit ihrer Kommunionszeit und der Teestubenarbeit gute Erinnerungen verbinden, haben Sie vielleicht eine starke Seite Ihrer Gemeindearbeit unterschätzt. Wenn der Gottesdienst oder die Messe in Ihren Augen das Zentrum der Gemeinde ist, viele der Befragten damit aber eher „langweilige" Assoziationen verbinden, hätte der Gottesdienst vielleicht neue Impulse nötig. Kurz: Wo Eigen- und Fremdwahrnehmung nicht übereinstimmen, erliegen Sie schnell der Gefahr einer Selbsttäuschung, die in Gemeinden nicht selten ist. Denn normalerweise ist die „Innenorientierung" stärker als die „Außenorientierung", und dann sieht man sich nicht mehr objektiv. Eine nüchterne Einschätzung der Außenwahrnehmung ist aber Voraussetzung für jede „Marketing-Strategie".

Bei einer Umfrage können Sie eine Mischung aus „geschlossenen" oder „halb geschlossenen" (Antwort: ja, nein oder Zahlenwert) und „offenen" Fragen (jede Antwort möglich) wählen. Achten Sie darauf, daß es nicht zuviele oder zu komplizierte Fragen sind und nennen Sie an der Haustür die Zeit, die man zur Beantwortung braucht. Mögliche Fragen könnten sein:

■ *Frageraster „Haustür-Befragung"*

Was macht die Gemeinde Ihrer Meinung nach besonders gut oder weniger gut? (+ 2 heißt: sehr gut, -2 heißt: nicht gut, 0 heißt: weiß nicht). Sie - bietet gute Seelsorge an - gestaltet ansprechende Gottesdienste - setzt sich viel für Hilfsbedürftige ein - feiert lebendige Gottesdienste - tut viel für Jugendliche	+2	+1	0	-1	-2

– tut viel für Senioren – macht etwas anderes besonders gut ... (Gemeindefeste, Kirchenmusik, Kindergruppen, Gesprächskreise ...)					
Finden Sie den Pfarrbrief eher langweilig oder eher spannend? (+2 spannend, -2 langweilig)	+2	+1	0	-1	-2
Wie fanden Sie den letzten Gottesdienst/Messe, den/die Sie erlebt haben? (+2 hat mich sehr angesprochen, -2 hat mich nicht angesprochen)	+2	+1	0	-1	-2
Wie erfahren Sie von Aktivitäten der Gemeinde? (Gemeindebrief, Zeitung, Mundpropaganda, Schaukasten ...)					
Waren Sie im letzten Jahr einmal oder mehrmals in der Kirche? Wie oft? Bei welcher Gelegenheit? (normaler Gottesdienst, Fest, Taufe, Trauung ...)					
Haben Sie ein anderes gutes oder schlechtes Erlebnis mit der Gemeinde besonders in Erinnerung?					
Wenn Sie sich von der Kirche etwas wünschen könnten, was würde das sein?					
Wie finden Sie, daß wir eine solche Umfrage machen?					
Es wäre schön, wenn Sie uns noch Ihr Alter nennen könnten (auch notieren: männlich/weiblich).					
...					

Auch hier gilt: Für Einrichtungen wie Sozialstationen oder Kindergärten lassen sich ähnliche Frageraster entwickeln. Sie werden entweder denen vorgelegt, die in direktem Kontakt zur Einrichtung stehen, oder auch nach einem Zufallsprinzip ausgewählten Gemeindemitgliedern, die ihre Wahrnehmung der Einrichtung schildern. – Eine solche Umfrage ist natürlich, wenn sie unter 50 oder 100 Menschen durchgeführt wird, nicht „repräsentativ". Sie ist trotzdem ein wertvolles Korrektiv der Eigenwahrnehmung und kann viele neue Anstöße geben. Zur hier vorgestellten Haustürbefragung gibt es Alternativen wie ausführliche „qualitative Interviews", für die man sich ein bis zwei Stunden Zeit pro Interviewpartner nehmen sollte, oder schriftliche Fragebögen, die die Befragten zuhause ausfüllen und dann zurückschicken. Der Rücklauf ist bei schriftlichen Erhebungen jedoch meistens gering.

Bevor Sie aus den Ergebnissen weitere Konsequenzen ziehen, sollten Sie sich noch für einen letzten Punkt Zeit nehmen – die Frage nach den Rahmenbedingungen Ihrer Arbeit. Besonders, wenn Sie neue Projekte anstoßen wollen und dafür nach zeitlichen und finanziellen Ressourcen suchen, sind die „Rahmenbedingungen" wichtig. Wenn das „Klima" für ein neues Angebot nicht da ist, oder es schon zuviele Konkurrenten gibt, investieren Sie möglicherweise umsonst. Außerdem kann eine Analyse der Umfeld-Bedingungen oft den Blick auf Zielgruppen freigeben, die man vorher gar nicht so im Auge hatte. Eine Gemeinde, die ihren Schwerpunkt in der Jugendarbeit hat (vielleicht weil der Pfarrer jung ist) und jetzt eine Offene Tür einrichten möchte, stellt zum Beispiel fest, daß 35 Prozent der Gemeindemitglieder über 60 Jahre alt sind – und daß vielleicht eine Interessenbörse für Senioren ein viel wichtigeres Projekt wäre.

■ *Frageraster „Umfeld-Analyse"*

Wie ist die Altersstruktur der Gemeinde?	0- 5 Jahre: 6-15 Jahre: 16-30 Jahre: 31-55 Jahre: 56-69 Jahre: über 70 Jahre:
Wie ist die soziologische Struktur der Gemeinde (berufliche Tätigkeit, Ausbildung)? - Angaben in Prozent -	Schule/Ausbildung: Studium: Arbeiter: Angestellte/Beamte: Freiberufler/Selbständige: Arbeitslose: Rentner: Hausfrau/-mann:
Welche sozialen Brennpunkte gibt es in der Gemeinde?	
Welche sozialen Einrichtungen, Betreuungsangebote und Beratungseinrichtungen gibt es am Ort?	
Welche Freizeitangebote gibt es von anderen Gemeinden, von der Kommune, freien Trägern, Vereinen, kommerziellen Anbietern? - für Kinder - für Jugendliche - für Erwachsene - für Senioren - für ...	

Welche Themen bewegen die Menschen am Ort zur Zeit besonders (Verkehrspolitik, Arbeitslosigkeit, Kriminalität, Umweltschutz ...)?	
Gibt es im Gemeindegebiet starke Zuzüge (Neubaugebiet) oder eine hohe Fluktuation?	
Wie steht die Kirche in der öffentlichen Meinung/in den Medien/bei Multiplikatoren da?	
An welchen Stellen ist die Präsenz der Kirche besonders gefordert?	
Welche Verbindungen hat die Gemeinde/ Einrichtung zu anderen Gemeinden und innerhalb des Dekanats/Kirchenkreises/ Bistums? Welche Notwendigkeiten und Möglichkeiten ergeben sich daraus?	

Eine sorgfältige Beantwortung dieser Fragen bewahrt Sie möglicherweise davor, mit Planungen ins Leere zu laufen und umgekehrt wichtige Strukturen bei Ihrer Zielformulierung unberücksichtigt zu lassen. Wenn Sie diese „Vorarbeiten" geleistet haben, können Sie „zur Sache" kommen: der Formulierung der Ziele, die Sie als Gemeinde oder kirchliche Einrichtung in den nächsten Jahren in Angriff nehmen wollen.

• *(2) Wo wollen wir hin? Profil und Ziele.*

In dieser Phase verständigen Sie sich darüber, was Sie als Gemeinde oder Einrichtung verkörpern und in welchen Arbeitsbereichen Sie in den nächsten Jahren aktiv werden wollen. Das heißt: Sie entwickeln ein Leitbild, aus dem sich eine für alle verbindliche „Agenda" ergibt. Und Sie „übersetzen" dieses Leitbild in konkrete Prioritäten und Zeitabläufe.

Was bedeutet der Begriff *„Leitbild"*? Zunächst ist es eine bildhafte Vorstellung und Verdichtung der eigenen Institution oder Gruppe in einem faßbaren Bild. Eine Kirchengemeinde kann zum Beispiel als Leitbild ihrer selbst benennen, sie erlebe sich als „Oase in der Wüste". Aufbauend auf diesem gemeinsamen Bild, erarbeitet die Gemeindeleitung oder kirchlich-diakonische Einrichtung dann eine konkrete Standort-Bestimmung und Zielbeschreibung. Das Leitbild „Oase" kann etwa dahingehend gefüllt werden, daß sich die Großstadtgemeinde zum Ziel macht, die Kirchenpforten nicht nur am Sonntag, sondern jeden Tag zu öffnen, damit gestreßte Passanten in der Kirche zur Ruhe kommen können.

Ein Leitbild sollte dabei auf der von Ihnen bereits formulierten Selbstwahrnehmung aufbauen, die Ergebnisse Ihrer Erhebung der „Außenwahrnehmung“ einbeziehen und auf die Fragen und Anforderungen reagieren, die sich aus Ihrer Situation in einem konkreten sozialen Umfeld ergeben.

Das Leitbild sollte nicht zu lang sein (zwei bis vier Seiten) und über einen überschaubaren Zeitraum hinweg (halbes Jahr) auf verschiedenen Ebenen in der Gemeinde diskutiert werden, um eine möglichst große Zustimmung zu erreichen. Als Foren bieten sich für dieses Gespräch Dienstbesprechungen, Mitarbeiterversammlungen, Gemeindeversammlungen und wichtige Gruppen in der Gemeinde an. Es ist eine Bereicherung für den Gesprächsverlauf, wenn das Leitbild auch in einem öffentlichen Medium wie dem Gemeindebrief zur Diskussion gestellt wird. Auch eine „Zukunfts-Werkstatt“, bei der Interessierte „Visionen“ der künftigen Arbeit entwickeln, ist ein geeigneter Ort für eine Leitbilddiskussion.

Wenn Sie ein möglichst vielschichtiges Feedback auf Ihren ersten Entwurf haben, sollten Sie ihn anhand der Rückmeldungen überarbeiten. Das so beschlossene Leitbild ist dann ein verbindliches Programm der Gemeinde, das von allen getragen wird und eine Richtschnur für weitere Entscheidungen bildet.

Mögliche Bausteine eines Leitbildes könnten sein:

■ Eine kurze theologische *Standortbestimmung,* die die konfessionelle Eigenart und ökumenische Verantwortung Ihrer Gemeinde festhält. Vielleicht gibt es Bibelverse, theologische Texte oder Menschen, die für die Geschichte Ihrer Gemeinde eine besondere Bedeutung haben? Diese können dann selbstverständlich auch ausdrücklich benannt werden.

■ Möglicherweise erlaubt eine kurze Besinnung auf die *Herkunft der Gemeinde,* bestimmte Charakteristika in einen zeitlichen Kontext zu stellen. Ob eine Gemeinde schon seit 1000 Jahren an einem Ort existiert oder etwa erst durch die Flüchtlingsströme nach dem Zweiten Weltkrieg gewachsen ist, macht für das Selbstverständnis einen Unterschied. Und vielen Gemeindemitgliedern werden diese prägenden Ereignisse unter Umständen nicht bekannt sein.

■ Gemeindearbeit reflektiert die sozialen *Strukturen des Ortes,* an dem sie stattfindet. Das Leitbild sollte sie (summarisch) benennen, um damit deutlich zu machen, welche konkreten Herausforderungen sie im Geiste Jesu Christi sieht und annehmen will. Das kann die Abwanderung der Jugend aus einer Innenstadtgemeinde sein, die soziale Verelendung in einem Stadtviertel, oder auch der Wohlstand in einem Vorort, der zu besonderer Verantwortung gegenüber Ärmeren verpflichtet.

Auch die *Verflechtung* der Gemeinde mit anderen Gemeinden in der eigenen Kirche oder der Ökumene ist eine kontextuelle Vorbedingung, die benannt werden kann, ebenso wie die *finanziellen Rahmenbedingungen,* die in einer „armen“ Kirchengemeinde anders sind als in einer „reichen“.

■ Dann formulieren Sie die Arbeitsschwerpunkte, die Sie in Ihrer Gemeindearbeit in den nächsten Jahren sehen und angehen wollen. Das kann im Zusammenhang eines Leitbilds zu einer Art Selbstverpflichtung werden, zu der die Mitarbeitenden und die Gemeindemitglieder stehen. Diese Schwerpunkte sind dann auch „Zielmarken", an denen sich die Gemeinde in weiteren Prioritätendiskussionen orientieren kann. Zu der Benennung von Schwerpunkten gehört natürlich implizit das Zurückstellen von anderen Arbeitsbereichen. Gegebenenfalls kann man im Leitbild darauf hinweisen, daß man auch die nicht ausdrücklich als Schwerpunkt benannten Arbeitsbereiche noch im Blick hat und nicht aufgibt.

■ Zum Abschluß können Sie noch formulieren, welche *Bedeutung* das Leitbild für sie hat und in welcher Weise sowie in welchen Abständen sie sich eine „Anpassung" des Leitbildes vorstellen könnten. Denn einerseits hält es ja einen verbindlichen Diskussionsstand fest, andererseits ist es nicht unumstößliches Dogma, sondern so veränderbar wie die konkreten Rahmenbedingungen, in denen es entstanden ist.

Exkurs: „Leitbilder leiten" (von Pfarrer Heinz-Dieter Pohl, Düsseldorf)[15]

Es gibt viele Vorstellungen, Bilder und Geschichten von Gemeinde und Kirche. Die einen stellen sich Gemeinde als große Familie vor, andere als eine diakonische Hilfsorganisation, dritte als Museum, in dem wichtige Kulturgüter zu sehen sind, vierte als Weggenossenschaft mit einer ausgebildeten Streitkultur.

Die Bilder stammen oft schon aus der eigenen Kindheit oder aus einer entscheidenden Begegnung mit Gemeinde. Sie drücken Sehnsüchte, Hoffnungen, manchmal auch Enttäuschungen aus.

Treffen gegenseitig anschlußfähige Bilder aufeinander, so entwickeln sie Kraft, werden zu Leitbildern. Schließen sie sich gegenseitig aus, so entsteht oft Streit, der die Klärung und Entwicklung von neuen Leitbildern zur Folge haben kann.

Leitbilder steuern Systeme. Sie sind symbolisch verdichteter Ausdruck von Erfahrung. In ihnen spiegelt sich das Denken, das Erleben und das Handeln der beteiligten Menschen im System. Und umgekehrt steuern diese Bilder das Denken, Erleben und Handeln und damit die Entwicklung des Systems.

In ihrem Leitbild zeigt die Gemeinde ihr Gesicht:

Nach außen: Sie wird erkennbar für die Menschen am Wohnort. Sie bekommen Antwort auf die Fragen: Wer ist die Gemeinde? Mit wem bekomme ich es dort zu tun?

Nach innen: Hat die Gemeinde eine Identität, so können Mitarbeiterinnen und Mitarbeiter in ihrem Engagement sich mit ihr identifizieren. In Leitbildern kri-

15 Heinz-Dieter Pohl arbeitet als Landespfarrer für Gemeindeaufbau und Gemeindeberatung im Volksmissionarischen Amt der Evangelischen Kirche im Rheinland.
Zur „Leitbild-Entwicklung": Volksmissionarisches Amt (VMA) der Evangelischen Kirche im Rheinland, Rochusstr. 44, 40479 Düsseldorf, Tel.: 0211/3610-245, Fax: 0211/3610-422.

stallisieren sich Antworten auf die Fragen: Was können wir tun? Was ist uns wichtig? Was packen wir an?
Zur Offenlegung von Leitbildern gibt es mehrere Zugänge:

1. *der persönliche Zugang*
   Was sind meine inneren Bilder und Geschichten von Gemeinde
   - *aus meiner Kindheit*
   - *aus einer entscheidenden Begegnung*
   - *wenn ich in der Gemeinde etwas mitentscheiden soll*
   - *wenn ein Fremder mich nach der Gemeinde befragt?*
2. *der geschichtliche Zugang*
   In der Gemeinde sind immer schon leitende Bilder und Geschichten vorhanden: aus der Gründungsphase, aus der Ortsgeschichte, Pfarrermythen, Name der Kirche, des Gemeindehauses, Straßennamen, Denkmale, Symbole, Feste, Rituale, Traditionen, biblische Bilder, Geschichten, geflügelte Worte usw.
3. *der situative Zugang*
   Bilder und Geschichten tauchen oft in charakteristischen Verwendungssituationen auf, zum Beispiel:
   - *Erklärungsversuche: „Um das zu begreifen, müssen Sie wissen ..."*
   - *festliche Höhepunkte im Kirchenjahr*
   - *Einführungen, Verabschiedungen, Jubiläen: „Wir sind die ..."*

Es lohnt sich, die Bilder und Geschichten miteinander in Kommunikation zu bringen. Dadurch werden sie beweglich, können neu gesehen werden. Ähnlichkeiten können festgestellt, gemeinsame Hintergründe erkannt werden. Abgestandene Bilder und Geschichten, die für die gegenwärtige Gemeindesituation keine Deutekraft mehr haben, werden verabschiedet. Neue, aussagekräftige Leitbilder können an ihre Stelle treten.
Leitbilder halten Spannungen aus. Sie können komplexe Zusammenhänge veranschaulichen, zu immer neuen Entdeckungen anleiten.
Es gibt allerdings auch destruktive Bilder: So sind zum Beispiel Idealbilder nie erreichbar. Sie fördern Depressivität. Und Feindbilder sind symptomatisch für geschlossene Systeme, die mit der Außenwelt nicht kommunizieren wollen oder können.
Produktive Bilder und Geschichten bewegen sich demgegenüber im Dreieck Auftrag – Situation – wir.

■ Wenn Sie ein Leitbild erarbeitet und formuliert haben, setzen Sie Ihre Zielvorgaben in ein *„Zeit-Prioritäten-Raster"* als vorläufigen Fahrplan um: Hier halten Sie fest, welche Ziele Sie bis wann verwirklichen wollen und mit welcher Priorität sie die Verwirklichung angehen werden. Sie markieren die Vorrangigkeit der Ziele – zum Beispiel mit Ziffern von (1) bis (3). Dabei bedeutet der Prioritäten-Index (1): Vorrangiges Ziel mit hoher Priorität, der Index (2): wichtiges mittelfristiges Ziel, und (3) heißt: nicht dringend, aber im Auge zu behalten.

Beim Zeit-Prioritäten-Raster handelt es sich erst einmal um eine vorläufige Planung, die im Laufe des weiteren Prozesses unter Umständen zu modifizieren ist. Was an Ressourcen nötig ist, um die beschriebenen Ziele zu erreichen, lassen Sie in diesem Schritt noch offen. Denn sonst haben Sie gleich die „Schere im Kopf“ und streichen möglicherweise von vorneherein Ziele, die Sie für nicht realisierbar halten, für deren Verwirklichung bei genauerer Betrachtung aber durchaus Potentiale zu entdecken wären.

■ *Beispiel für ein Zeit-Prioritäten-Raster:*

Arbeitsziele: Gemeinde	Priorität	Zeitrahmen
Jugendarbeit: Räume mit Jugendlichen umgestalten	2	nächstes Jahr (Juli)
Gruppenarbeit für Kommunionkinder aufbauen	2	nächstes Jahr (Okt.)
Berufstätige: Gesprächskreis Junge Erwachsene	1	noch dieses Jahr (Aug.)
Stiftung für Flüchtlingsarbeit einrichten	3	in zwei Jahren
Pfarrbrief: Neues Layout, eigener Redaktionskreis	1	nächstes Jahr (Sommer)
Kirche: Dachstuhl renovieren	1	in drei Jahren
Arbeitsziele: Beratungsstelle		Zeitrahmen
Räume renovieren	1	nächstes Jahr (März)
neue Kraft für Erziehungsberatung suchen und einstellen	1	nächstes Jahr (Juni)
Selbstdarstellungsbroschüre erstellen	3	in zwei Jahren
zentrale Beratungsrufnummer schalten	2	in zwei Jahren
50 neue Beratungsfälle pro Jahr akquirieren	1	in drei Jahren

• *(3) Welche Mittel tragen die Arbeit? Die Ressourcen-Planung*

Nach Leitbild- und Prioritätendiskussion wird es nun Zeit für eine Bilanz in bezug auf die Ressourcen. Diese Bilanz läßt sich – kurz und bündig – in drei Doppelfragen zusammenfassen:

1) Welche Arbeitsbereiche haben wir schon? Was binden sie an Ressourcen?
2) Welche Arbeitsbereiche wollen wir? Was brauchen wir dafür an Ressourcen?
3) Welche Arbeitsbereiche können wir aufgeben? Was wird dadurch an Ressourcen frei?

■ *Schritt (1): Ist-Stand der Ressourcen-Verteilung*

Eine Ressourcenplanung ist nur im Zusammenhang aller Arbeitsbereiche möglich. Deswegen ist ein wichtiger Schritt zu einer Fundraising-Strategie die Bilanz der bisherigen Arbeitsbereiche und der Ressourcen Geld, Zeit und Sachmittel, die sie binden. Auch diese Übersicht können Sie tabellarisch gestalten und – anhand der Leitbildvorgaben – mit einem Prioritäten-Index versehen: (1) bedeutet absolut unverzichtbar, (2) heißt: wichtiger Arbeitsbereich, (3) sagt: muß nicht um jeden Preis in der Form weitergeführt werden.

In einem ersten Anlauf reicht es, Zeit-Aufwendungen grob zu benennen, die Kosten müssen nicht bis in die letzte Einzelheit aufgeschlüsselt werden. Der Blick ins Detail folgt später und muß auch nicht in jedem Fall durch das Leitungsgremium erfolgen. Jetzt geht es erst einmal darum, in einem Gesamtüberblick die Mittelverteilung zu sichten und – im Rückgriff auf das ja bereits „verabschiedete" Leitbild – zu klären, was wichtig ist und vorrangig ansteht, und was zweite Priorität hat.

Den Ausgaben an Zeit und Geld stellen Sie umgekehrt auf der finanziellen Seite die Einnahmen und ihre Quellen gegenüber. So haben Sie einen Überblick, welche Arbeit sich aus welchen Quellen speist, was für die weitere Planung nicht unerheblich ist. Außerdem sehen Sie, ob jetzt schon Mittel fehlen, oder ob möglicherweise noch Reserven vorhanden sind, um neue Aufgaben anzugehen.

In der Bilanz Ihrer Übersicht erkennen Sie dann auch, wieviele Stunden ehrenamtlicher Arbeit in Ihrer Gemeinde oder Einrichtung stecken, und welche Schwerpunkte die Arbeitskraft der Pfarrerin oder des Leiters hauptsächlich in Anspruch nehmen. Die Übersicht kann damit Grundlage einer kritischen Gesamtplanung werden, die entscheidende Faktoren (wie das Zeitbudget der Mitarbeiter) nicht aus dem Blick verliert.

■ *„Planungsbogen Ressourcen 1": Bestandsaufnahme der bisherigen Arbeit*
Die Kosten beziehen sich auf ein Haushaltsjahr. Bei den Personalkosten werden die Mitarbeiter und die Stundenzahlen eingetragen (Beispiel: Pädagogin – 19 Std. Woche = 40.000 Mark pro Jahr). Der Zeitaufwand für „ressortübergreifendes" Personal wie die Pfarrerin oder Verwaltungskraft ist in einer eigenen Spalte nach geschätzten Wochenstunden zu beziffern. (Um ein klares Bild zu schaffen, kann hier ebenfalls ein „Stundenlohn" errechnet werden.)

Arbeitsbereich	Sach-kosten/ Jahr	Personalkosten/ Jahr	ehrenamt. Std./Woche	zweck-gebundene Einnahmen	finanzielles Defizit/ Überschuß	Prio-rität	Arbeitsaufwand Pfarrer/in (Pfr.) Verwaltungs-Kraft (V) Std./Woche
Jugendarbeit	9.000 DM	Päd. (19 WSt.): 40.000 DM/Jahr Hon.kräfte: 8.000 DM/Jahr	25 (Teestube, Freizeiten, Krabbgelgr.)	Kommunale Zuschüsse: 20.000 DM	-37.000 DM	2	2 (Pfr.) 5 (V)
Verkündigung/Gottesdienst/ Amtshandlungen	8.000 DM	Küster (10 WSt.) 20.000 DM/Jahr Organist (5 Wst.) 11.000 DM/Jahr	8 (Gemeinde-Älteste, Predigt-Helfer)	Amtshandl. 5.000 DM/Jahr	- 26.000 DM	1	15 (Pfr.) 5 (V)
Diakoniestation	20.000 DM	230.000 DM	0	Krank.Kasse/ Pfleg.vers./ Zuschüsse 235.000 DM	- 15.000 DM	3	1 (Pfr.) 0 (V)
Kindergarten	...	...	...	...	...	...	...
...							
ressortübergreifend:							
Pfarrstellenkosten	5.000 DM	153.000 DM			158.000 DM		
...							
Summe Einnahmen/Ausgaben/ Arbeitsstunden	...	...	...	...	...	...	...
Defizit/Überschuß							
frei verfügbare Kirchensteuermittel	...	...	...	...	...	...	...
andere frei verfügbare Mittel							
noch offenes Defizit beziehungsweise Überschuß	...	...	...	...	...	...	...

Nach dieser Bestandsaufnahme der derzeitigen Arbeitsschwerpunkte und ihres Ressourcenverbrauchs definieren Sie in einem zweiten Schritt, welche Zeit-, Sach- und Geldmittel Sie zur Umsetzung Ihrer künftigen Zielvorstellungen, das heißt zur mittelfristigen Umsetzung ihrer Leitbild-Vorgaben brauchen.

Dazu können Sie, um auch hier eine Übersicht zu bekommen, eine zweite Tabelle anlegen oder die Übersicht aus dem zweiten Arbeitsschritt („Leitbildentwicklung und Zielformulierung") um den Faktor „Ressourcen" ergänzen.

Dabei definieren Sie zunächst, was Sie an Zeit- und Sachmitteln benötigen, um Ihre Zielvorstellungen umzusetzen. Wieviel Zeit müssen die hauptamtlichen Leitungskräfte aufbringen? Was läßt sich durch Ehrenamtliche erledigen, und wieviel Zeit ist nötig, sie entsprechend zu schulen? Welche Resonanz werden die neuen Arbeitszweige und Projekte hervorrufen und wieviel Zeit benötigen Sie, um Anfragen etc. zu beantworten? Welche Sachmittel benötigen Sie? Wieviel Geld ist notwendig?

■ *„Planungsbogen Ressourcen 2": Neue und künftige Aufgaben*

geplanter Arbeitsbereich/ Projekt	zusätzliche Sachkosten	zusätzliche Personal-Kosten	ehrenamtl. Zeitaufwand	Arbeitsaufwand Pfarrer/in Leiter/in	finanzielles Defizit/ Überschuß	mögliche Einnahme-Quellen	Priorität/ Zeitrahmen zur Realisation
Jugendräume umgestalten	einmalig 5.000 DM		500 Std. für Renovierung	100 Std. für Koordination	5.000 DM	Zuschüsse, Kollekten, Erlös Teestube ...	Priorität 2, Zeit: ein Jahr
Gruppenarbeit ehemaliger Konfirmanden aufbauen	500 DM pro Jahr	5.000 DM pro Jahr für Pädagogin	5 Std. pro Woche	5 Std. pro Woche	5.500 DM	Jugendetat, Kürzungen an anderen Stellen	Priorität 1, in einem Jahr beginnen
Kirche: Dachstuhl renovieren	300.000 DM			Aufsicht der Arbeiten: 80 Std.	300.000 DM	Zuschüsse Kommune, Kirchenkreis, Spenden, Förderkreis ...	Priorität 3, in drei Jahren, Projektgruppe bilden
...	...	...	...	...	...	...	...

Sie haben nun zwei Übersichten: Die Aufstellung der derzeitigen Arbeitsbereiche und ihrer Kosten sowie die Planungen für die nächste Zeit mit vorläufig definiertem Ressourcenbedarf. Sie wissen außerdem, was Ihnen an Mitteln derzeit schon zur Verfügung steht.

In der Regel werden Sie, wenn Sie einen Strich unter beide Rechnungen ziehen und addieren, zweierlei feststellen. Erstens: Sie brauchen zum Erreichen Ihrer Zielvorstellungen mehr Geld. Zweitens: Sie brauchen mehr Zeit. Das kann konkret so aussehen: „Für die Einrichtung einer Interessenbörse für Senioren brauchen wir einen Raum, einen Computer, 5.000 Mark für diverse Sachmittel im ersten Jahr, eine pädagogische Kraft mit einer Halbtagsstelle für ein Jahr, etwa zehn ehrenamtliche Mitarbeiterinnen und Mitarbeiter, die die Börse mit je rund fünf Stunden Zeitaufwand in der Woche aufbauen und betreuen." Im nächsten Schritt geht es nun darum zu prüfen, wie Sie an die Mittel und an die Zeit kommen, die Sie brauchen, um das zu verwirklichen, was Sie für nötig und richtig halten.

Bevor Sie nun daran gehen, eine gezielte Fundraising-Strategie zu entwickeln, sollten Sie noch eine letzte wichtige Frage klären: Welche Mittel stehen Ihnen zur Verfügung, um Fundraising zu betreiben? Die beste Strategie nutzt nichts, wenn sich niemand findet, der sie umsetzt. Stellen Sie darum in einer Übersicht zusammen, was Sie an Geld und Zeit investieren können, um über Fundraising neue Quellen zu erschließen. Und halten Sie dabei im Auge, daß Sie mit Ihrem Fundraising-Konzept eine Investition tätigen, die sich langfristig auszahlt: Jede einzelne Geldquelle kann irgendwann versiegen, aber was Sie im Zuge Ihrer Aktivitäten an Beziehungen, konzeptioneller Sicherheit und Image gewinnen, kommt Ihrer Arbeit ingesamt zugute, und zwar langfristig.

■ *Checkliste „Einsatz-Möglichkeiten":*

Infrastruktur (Büro)	Arbeitsraum
	PC
	Kopierer
Zeit: Hauptamtliche Kräfte	Pfarrer(in): .... Stunden
	Leiter(in) der Einrichtung: ... Stunden
	Verwaltungskraft: ... Stunden
	...
Zeit: Ehrenamtliche Kräfte	.... Stunden

Auf dem Hintergrund dieser genauen Informationen können Sie nun daran gehen, Ihre eigene Strategie zu entwerfen.

• *(4) Wie kommen wir an die nötigen Ressourcen? Die Strategie.*

Im nun folgenden vierten Schritt stellen Sie einen detaillierten Plan auf, der Einzel-Ziele und mögliche Quellen für Geld, Sachspenden und Mitarbeit miteinander in eine realistische Beziehung setzt. Was ist aus Kirchensteuermitteln zu finanzieren, wofür wollen Sie Spenden einwerben, wofür brauchen Sie ehrenamtliche „Manpower"?

Nach der Rechenarbeit der letzten Schritte ist diese Phase wieder ruhe- und phantasiebedürftig. Denn es geht darum, auf einer soliden Datengrundlage nach neuen Wegen Ausschau zu halten, Menschen zur Unterstützung Ihrer Arbeit zu bewegen. Jetzt suchen Sie die richtigen Ansprechpartner: Möglicherweise ist es für Sie sinnvoll, auf Behörden und Verwaltungen zuzugehen, Spender und private Unterstützer anzusprechen, vielleicht auch Unternehmen um Hilfe zu bitten.

Lassen Sie sich Zeit, sich die Projekte, die Sie realisieren wollen, noch einmal in allen Facetten vor Augen zu halten und überlegen Sie, wer – bei entsprechender Ansprache – ein Interesse entwickeln könnte, sie zu unterstützen. Sie ersparen sich einige Mühe, wenn Sie gleich an der richtigen Tür anklopfen. Ausführliche Hinweise zu den einzelnen Finanzierungsquellen und -arten finden Sie im zweiten Teil dieses Bandes. Bevor Sie sich daran machen, eine dieser Quellen „anzuzapfen", sollten Sie die entsprechenden Kapitel lesen. Die folgenden Fragen sind nur eine erste Orientierungshilfe.

Checkliste Förderer-Suche (Geld, Zeit, Sachmittel)

■ Besteht an dem Projekt ein deutliches öffentliches Interesse, möglicherweise eine gesetzliche „Pflichtaufgabe"? Oder läßt sich das Projekt in eine solche Richtung weiterentwickeln? Dann sind kommunale Stellen, das Land, der Bund oder von diesen abhängige Behörden potentielle Geldgeber. Fördert Ihr Projekt Begegnungen auf europäischem Gebiet oder könnte man solche Facetten mit einbeziehen? Dann ist vielleicht die Europäische Union als Quelle interessant. Die Vielzahl der Förderprogramme durchzuforsten, erfordert Geduld. Fragen Sie Experten auf dem Gebiet (Senioren, Jugend), die das möglicherweise schon einmal versucht haben und die auch bereit sind, ihre Entdeckungen mitzuteilen. Oft sitzen in den Verwaltungsstellen der Kirchenkreise, Dekanate und Bistümer Menschen, die auf dem Gebiet der *öffentlichen Förderung* viel Erfahrung haben. Fragen Sie sie!

■ Ist es denkbar, daß eine *Stiftung* auf dem Gebiet existiert? Die Wahrscheinlichkeit, eine Stiftung „aufzutun", ist nicht groß, aber prüfen sollte man es (Hilfsmittel: Maecenata-Stiftungsführer, Bestellangaben im Literaturverzeichnis).

■ Wer ist an Ihrem Projekt besonders interessiert? Gibt es Personen, die von dieser oder vergleichbarer Arbeit schon besonders profitiert haben? Menschen, die mit Ihnen als Gemeinde oder Einrichtung in dieser Hinsicht gute Erfahrungen gemacht haben? Diese könnten als private Förderer infrage kommen *(Förderkreis).*

■ Welche Zielgruppen könnte man darüber hinaus gezielt um *Spenden* bitten? Wer ist in irgendeiner Weise besonders betroffen? Wo könnten Sie Adressen solcher Menschen herbekommen? Bei der Suche nach Spenden kommt es darauf an, die große Zahl der möglichen Ansprechpartner zu „segmentieren", das heißt die herauszufiltern, die für die Bitte empfänglicher sind als andere, und diese dann gezielt und möglichst persönlich anzusprechen.

■ Wollen Sie ein schon lange eingeführtes Projekt, das ein hohes Ansehen genießt, langfristig finanzieren? Dann könnte es die Mühe lohnen, nach *Vermächtnissen und Erbschaften* Ausschau zu halten.

■ Wer ist möglicherweise bereit, sich ehrenamtlich in das Projekt einzubringen? Sitzen irgendwo Menschen mit Fähigkeiten, die sie sonst „einkaufen" müßten? Gute *ehrenamtliche Mitarbeiter* sind ebenso wertvoll wie Geldspenden.

■ Läßt sich Ihr Projekt gut in Wort und Bild darstellen und verkaufen? Oder läßt es sich mit „Events", also mit themenbezogenen Ereignissen, verbinden, die sich öffentlichkeitswirksam darstellen lasssen? Dann ist die Suche nach *Sponsoren* sinnvoll, die die Medienwirksamkeit Ihres Projekts zur Selbstprofilierung nutzen können.

■ Gibt es andere Gemeinden und Einrichtungen (kirchlich oder privat), die an dem Projekt ebenfalls Interesse haben könnten, und die als *Kooperationspartner* infrage kommen? Dann können Sie sich die Kosten teilen (allerdings auch den „Imagegewinn").

■ Wie ist es mit der Möglichkeit, für das Projekt *gottesdienstliche Kollekten* zu sammeln? Meistens können Kirchengemeinden für bestimmte Sonntage selbst den Kollektenzweck benennen. Vielleicht können Sie Ihr Projekt in den entsprechenden Leitungsgremien dafür ins Gespräch bringen.

■ Haben Sie private Kontakte zu Menschen des öffentlichen Lebens? Vielleicht gewinnen Sie sie dafür, bei *Geburtstagen oder Jubiläen* auf Geschenke zugunsten Ihres Projektes zu verzichten. Das müssen keine „Honoratioren" sein – auch „normale" Gemeindemitglieder sind oft bereit, auf Geschenke zugunsten einer Spende für eine sinnvolle Sache zu verzichten.

■ Ist Ihr Projekt „gemeinnützig"? Dann haben Sie Chancen, *Bußgelder* zugesprochen zu bekommen. Dazu reicht allerdings nicht, in das entsprechende Verzeichnis beim Amtsgericht aufgenommen zu werden, Sie sollten vielmehr auch den direkten Kontakt zu Richtern suchen, die die Bußgelder verhängen.

■ Die *Sparkassen* schütten Gelder für soziale und kulturelle Projekte aus. Erkundigen Sie sich nach einer möglichen Förderung.

■ Erbringen Sie mit Ihrem Projekt eine Leistung, für die Sie eine *Gebühr* oder einen *Teilnehmerbeitrag* erheben können? Ein angemessener Preis wirkt nicht abschreckend, im Gegenteil. Aber: Preisnachlaß für sozial Schwache nicht vergessen.

- Wie steht es mit der Möglichkeit, das Projekt durch *Benefiz-Verkäufe* zu fördern? Ist es denkbar, den Erlös schon bestehender *Feste* (Pfarrfest) dem Projekt zukommen zu lassen? Wie steht es mit dem *Verkauf* von Kunsthandwerk, mit Basaren, mit Tombolas, mit Versteigerungen, Benefiz-Musikveranstaltungen? Können Sie sich vorstellen, einen Förderkreis aufzubauen, der solche Veranstaltungen organisiert?
- Wie steht es mit Patenschaftsübernahmen? Hier liegt für *Bau- oder Renovierungsvorhaben* oft eine Möglichkeit, Unterstützung zu finden. Private Geldgeber übernehmen eine Patenschaft für einzelne „Bausteine" der Arbeit und können sich dafür in geeigneter Weise mit ihrem Namen „verewigen".
- Wenn sich die Finanzierung Ihres Projekts aus neuen Quellen nicht oder nur zum Teil realisieren lassen sollte, werden Sie die Möglichkeit ins Auge fassen, es durch *Kürzungen* an anderer Stelle oder durch *personelle Umsetzungen* zu finanzieren. Es mag dabei helfen, sich die Fähigkeiten der festangestellten Mitarbeiterinnen und Mitarbeiter einmal vor Augen zu halten: Vielleicht werden bestimmte Qualitäten im derzeitigen Arbeitsschwerpunkt nicht oder wenig gefordert, vielleicht wäre ein Mitarbeiter in einem neuen Arbeitsbereich zufriedener. Selbstverständlich sollte es sein, daß Kirche als Arbeitgeberin nicht „betriebsbedingt" kündigt, sondern bei Umstrukturierungen immer nach sozialverträglichen Lösungen sucht.
- Manchmal ergibt sich auch durch *„Umschichten"* bestimmter Arbeiten ein neuer finanzieller Spielraum. Beispiel: Der Küster einer Gemeinde hat regelmäßig auch Reinigungsaufgaben wahrgenommen. Renovierungsarbeiten im Gemeindehaus wurden dagegen extern an einen Handwerker vergeben. Um Geld zu sparen, hat die Gemeindeleitung die Arbeit neu verteilt: Der Küster griff nun selbst zu Pinsel und Farbe, die Kosten für den teuren Handwerker wurden eingespart. Dafür übertrug die Gemeinde die Putzarbeiten, die der Küster bislang wahrgenommen hatte, an eine Kraft, die sich mit dem Job nebenberuflich ein paar Mark hinzuverdiente. Unterm Strich stand sich die Gemeinde damit wesentlich günstiger, und der Küster machte seine Arbeit zudem lieber, da er mehr Freude am Anstreichen als am Putzen hatte.
- Wenn alle diese Wege nicht viel versprechen, sollten Sie Ihr Projekt insgesamt noch einmal kritisch prüfen. Manchmal sind die Initiatoren von einer Projektidee begeistert, bei näherer Betrachtung zeigt sich jedoch, daß der „Markt" für das Projekt fehlt. Wenn sich keine Förderer für einen neuen Arbeitszweig ausmachen lassen, könnte das darauf hindeuten. In diesem Fall sollte man das Konzept überdenken und einen neuen Zugang zum Thema suchen.

■ *Checkliste Ressourcen*

Ressourcenquelle	*Ressourcenart*	*Besonderheiten*
Privatleute	Spenden	Adressenmaterial wichtig
	Beiträge / Steuern	regelmäßig informieren und bedanken
	Fördermitgliedschaft	Förderer in die Arbeit miteinbeziehen
	Erbschaften / Vermächtnisse	setzt langfristig angelegte Kommunikation voraus
	Preise / Gebühren	Leistungen sind „etwas wert“
	ehrenamtliche Mitarbeit	in der Kirche ganz wichtige Ressource
Unternehmen	Spenden	ohne Gegenleistung – nicht mit Sponsoring zu verwechseln
	Sponsoring	setzt Gegenleistung und Vertrag voraus – nur bei öffentlichkeitswirksamen Projekten machbar
	Sachspenden	oft handfeste finanzielle Ersparnis
	kostenloses Know-how	wird oft unterschätzt
	bezahlte Leistungen	etwa: Beratung von Mitarbeitern mit Suchtproblemen
Öffentliche Hand	Institutionelle Förderung	bei „Pflichtaufgaben“
	Projektförderung	Förderprogramme für bestimmte Bereiche, etwa „Europa“
	Arbeitsbeschaffungs-Maßnahmen	Vorsicht: Richtlinien ändern sich schnell
	Bußgelder	dauert oft lange, bis man zum Zuge kommt
Stiftungen (privat oder öffentlich)	aktiv: selber Stiftung aufbauen	kann langfristige Finanzierung einer Aufgabe sichern, ist aber sehr aufwendig
	passiv: um Förderung bitten	nicht einfach – Stiftungen bekommen viele Anfragen
Verkauf und Benefiz	Kauf von Benefiz-Produkten	Freigrenzen beachten
	Tombolas	Freigrenzen beachten
	Anzeigeneinnahmen aus eigenen Publikationen	
	Altmaterialsammlungen	u.U. hoher Arbeitseinsatz
	Wohlfahrtsmarken	
	Preise und Gebühren für Leistungen	

■ *Nächster Schritt: Recherche und Konzepterstellung*

Vor dem Hintergrund Ihrer bisherigen Vorarbeiten – Leitbild, Zielformulierung, Zeit- und Ressourcenraster – gehen Sie nun daran, einen konkreten Fundraising-Fahrplan aufzustellen. Dabei müssen Sie in zwei Richtungen Weichen stellen. Erstens: Welche Fundraising-Maßnahmen kommen für Ihr Projekt, Ihr Vorhaben infrage? Zweitens: Welchen Zeitraum fassen Sie ins Auge?

Beide Fragen bedürfen sorgfältiger Analyse: Man kann viel Zeit und Energie verlieren, wenn man für ein Projekt Sponsoren sucht, das für eine Sponsoring-Maßnahme ungeeignet ist. Auf die *richtigen Ansprechpartner* kommt es also entscheidend an. Und: Es ist nicht erfolgversprechend, Erbschaften akquirieren zu wollen, wenn man noch nicht einmal die Infrastruktur für Einzelspenden aufgebaut hat. Darum ist auch der *Faktor Zeit* entscheidend: Fundraising ist eine Beziehungsaufgabe, die – wie jede Beziehung – mit ihrer Dauer und ihrer Verläßlichkeit wächst.

Die Strategie-Planung sollte in die Hände einer kleinen, effektiv arbeitenden Projektgruppe gelegt werden (drei bis fünf Teilnehmer), die auf der Grundlage der Vorarbeiten des Leitungsgremiums einen konkreten Fundraising-Fahrplan ausarbeitet. Wenn das Zeit- und Maßnahmenraster des Fahrplans steht und auch deutlich ist, welche Kosten gegebenfalls im Vorlauf für Werbung und Kommunikation auf die Einrichtung zukommen, sollte der Fahrplan dem Leitungsgremium vorgestellt und dort diskutiert werden. Je nach dem, welche Maßnahmen Sie planen, ist auch noch einmal das Urteil der Mitarbeitenden der Gemeinde oder Einrichtung zu hören. Denn die besten Maßnahmen laufen ins Leere, wenn „die eigenen Leute" sie nicht tragen, sondern eventuell sogar unterlaufen, weil sie sich übergangen fühlen.

In Hinblick auf Ihre eigene Strategieplanung sollten Sie noch ein Modell kennen, das angelsächsische Fundraiser unter dem Namen „Spender-Pyramide" und anderen Bezeichnungen entwickelt haben. Dieses Modell besagt, daß Unterstützer einer Arbeit mit der Einrichtung, die sie fördern, eine Art „Karriere" durchmachen. Am Anfang steht häufig ein einzelner, loser, unverbindlicher Kontakt, eine einzelne Spende. Die spendensammelnde Organisation – wenn sie gut ist – bedankt sich bei dem Spender und informiert ihn fortan über ihre Arbeit. Es folgt eine weitere Spende, vielleicht eine höhere, vielleicht sogar eine regelmäßige Zuwendung. Der Kontakt – so der Idealfall – wird intensiver, die Identifikation mit der Einrichtung enger. Vielleicht wird der Förderer irgendwann einmal zum Großspender oder widmet einen Teil seines Vermögens dem guten Zweck – das ist dann quasi die Spitze der Spender-Pyramide, der Gipfelpunkt der „Beziehung" und auch der materiellen wie ideellen Unterstützung. Entsprechend der finanziellen Unterstützung kann auch das zeitliche Engagement von Spendern für „ihre" Einrichtung zunehmen.

Dieses Modell macht sehr deutlich, daß Fundraising auf der einen Seite Zeit und Geduld braucht, auf der anderen Seite viel mehr ist als nur die seelenlose Beschaffung von Finanzmitteln. *Fundraising ist Organisationsentwicklung.* Die

Vorstellung von der „Pyramide“ kann eine Hilfe sein, die eigene Fundraising-Arbeit klar auf ein Ziel hin zu strukturieren.

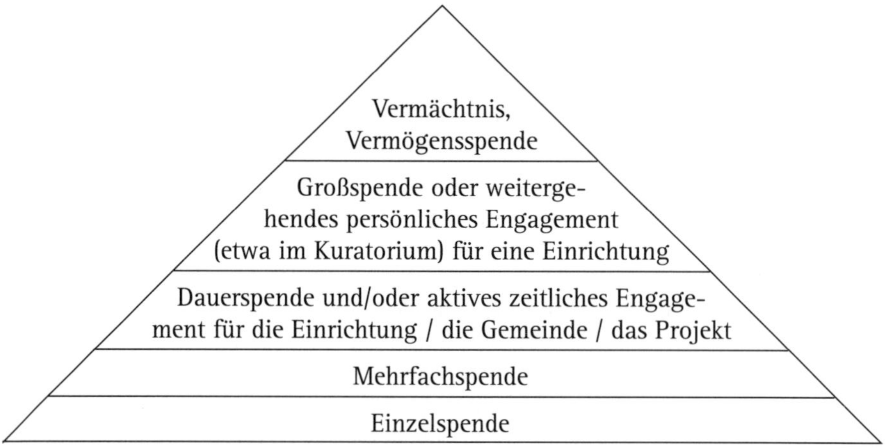

Modell einer Spender-Pyramide

• *(5) Jetzt wird's ernst: Tips zur Umsetzung.*

Sie haben Ihre Maßnahmen nun sehr gründlich vorbereitet und sind sicherlich neugierig, ob sich der Aufwand lohnen wird. Im Grunde müssen Sie sich jetzt nur an Ihrem Fahrplan entlanghangeln – von der Ausarbeitung der Präsentationsmaterialien über das Ansprechen von Spendern bis hin zum Verbuchen der Eingänge beziehungsweise der Begrüßung neuer ehrenamtlicher Mitarbeiter.

Dabei werden Sie feststellen, wie die aktive Präsentation Ihres Anliegens beziehungsweise die Resonanz auf das, was Sie der Öffentlichkeit mitteilen, die Arbeit stärkt und belebt. Sie sollten sich bei allem kritischen Blick auf die Funktionalität der Maßnahmen die Zeit lassen, diese belebende Wirkung zu genießen und für die Arbeit fruchtbar zu machen.

Sollte es sich umgekehrt als notwendig erweisen, einmal die Notbremse zu ziehen oder sollte die Resonanz wider Erwarten ausbleiben, lassen Sie sich davon nicht entmutigen. Sie haben sich – vielleicht zum ersten Mal – mit einem Projekt „auf den Markt“ gewagt, und auf dem Markt war es schon für die ersten Christen ziemlich zugig. Im Ernst: Sie haben viel Konkurrenz, und da ist es natürlich, daß nicht alle Projekte auf Anhieb „einschlagen“. Eine kritische Auswertung der Fehler hilft Ihnen beim nächsten Versuch. Leitfragen dazu in Schritt 7 (Kontrolle).

• *(6) Ganz wichtig: Der Dank.*

Im Grunde ist dies ein Schritt, der in die letzte Phase integriert ist: Sie bedanken sich bei Spendern innerhalb einer Woche – bei Kleinspendern schriftlich, bei Großspendern zusätzlich mündlich oder handschriftlich (gleichzeitig Spendenbescheinigung ausstellen). Durch diese positive „Rückmeldung“ stärken Sie die Verbundenheit mit dem Spendenzweck enorm. Die meisten Spender sind da – intuitiv – knallhart: Kein Dank, keine zweite Spende. Umgekehrt: Sofortiger Dank und regelmäßige Information (im richtigen Rahmen und angemessener Aufmachung) öffnet Herzen und Portemonnaies auch ein zweites und drittes Mal. Sie tragen so dazu bei, daß aus einmaligen Spendern feste Unterstützer werden, die Ihre Arbeit langfristig mittragen. Das Porto für diesen Kontakt zu investieren, lohnt in jedem Fall, auch wenn die „Nettospendensumme“ dadurch um den Wert der Briefmarke sinkt. Denn durch regelmäßige Kontaktpflege gewinnen Sie einen Menschen für Ihr Projektziel, und das ist mehr, als nur eine Spende einzunehmen!

• *(7) Am Ende: Bilanz und Kontrolle.*

Bei den meisten Kommunikationsmaßnahmen fällt dieser entscheidende Schritt unter den Tisch, denn: Man ist nach erfolgreicher Durchführung all dessen, was zu tun war, so erschöpft, daß für so etwas wie "Wirkungskontrolle“ oder Auswertung keine Kraft mehr zu sein scheint. Verständlich. Aber Sie sollten diese Phase trotzdem nicht vernachlässigen, denn was Sie hier an Zeit investieren, sparen Sie bei der nächsten Maßnahme wieder ein, weil Sie nicht diesselben Fehler noch einmal machen.

Leitfragen zur Auswertung:

- Hat sich die anfängliche Situationsanalyse als treffend erwiesen?
- War die Leitbild-Entwicklung für alle Beteiligten nachvollziehbar?
- Bestand über die Zielformulierung und den Zeitablauf ausreichende Übereinstimmung?
- War die Selbstdarstellung Ihres Projekts in den schriftlichen Begleitmaterialien schlüssig?
- Haben die einzelnen Schritte der Umsetzung so geklappt, wie Sie sich das vorgestellt haben?
- Wo waren gegebenfalls Punkte, an denen es „gehakt“ hat?
- Wo traten Mißverständnisse, Reibungen, Widerstände auf?
- Wo war es umgekehrt möglich, Energien positiv zu bündeln?
- Welchen meßbaren Image-Gewinn haben Ihre Fundraising-Maßnahmen ergeben?
- Haben sich die finanziellen Erwartungen erfüllt?
- Haben Sie neue Mitarbeiter und Unterstützerinnen gefunden, die ihre Zeit einbringen?

- Haben Sie Lust, so weiterzumachen, oder war die Aktion die Anstrengung nicht wert?

Setzen Sie sich - nach einer angemessenen Pause - einen Zeitrahmen für den Start zu einer zweiten Fundraising-Runde. Denn Fundraising ist Beziehungsarbeit – und Beziehungen leben von Kontinuität!

Auf einen Blick: Fundraising-Tips für ...

• *Pfarr- und Kirchengemeinden*

Eine Pfarr- oder Kirchengemeinde ist ein recht abstraktes Gebilde, und das ist im Hinblick auf Fundraising-Maßnahmen ein Problem. Denn Menschen spenden für Menschen, nicht für Organisationseinheiten. Das heißt, ein erster Schritt zur Entwicklung einer Fundraising-Strategie ist, das Arbeitsfeld Gemeinde detailliert aufzugliedern und die einzelnen Bereiche jeweils für sich in den Blick zu nehmen: Diakonie, Seelsorge, Beratung, Gottesdienst, Kirchenmusik, Jugendarbeit, Erwachsenenbildung haben unterschiedliche Strukturen, die bei der Entwicklung einer Fundraising-Strategie zu berücksichtigen sind.

Für die Entwicklung eines Konzepts ist es hilfreich, die Arbeitsfelder nach Prioritäten und mittelfristigen Zielvorgaben zu gewichten, wie in oben bereits beschrieben. Denn Sie können nicht für alles Mittel aufbringen, sondern müssen Schwerpunkte setzen. Anschließend nehmen Sie unter den vorrangigen Arbeitsfeldern diejenigen heraus, für die sich am besten Spenden einwerben lassen. Für die Kirchenmusik, den Kindergarten und das Partnerschaftsprojekt in der Dritten Welt lassen sich leichter externe Mittel aufbringen als für die Finanzierung der Küsterstelle. Mit anderen Worten: „Grundfunktionen“ des gemeindlichen Lebens sowie „stille Dienste“ wie Seelsorge finanzieren Sie über die Kirchensteuern; Projekte und sichtbare Dienstleistungen dagegen lassen sich auch mit Hilfe von Gebühren, Zuschüssen und Spenden realisieren.

Dazu sollten Sie eine „Projektgruppe“ einsetzen, die die Maßnahmen insgesamt koordiniert, Konkurrenzen vermeidet und den Kontakt zum Leitungsgremium hält, und dann für einzelne Arbeitsbereiche kleine effektive Arbeitsgruppen bilden, die die Maßnahmen konkret umsetzen.

• *Einrichtungen von Caritas und Diakonie*

Die Finanzierung sozialer Einrichtungen aus dem kirchlichen Raum gestaltet sich je nach Aufgabengebiet sehr unterschiedlich. In der Regel gibt es einen Finanzierungsmix aus direkten Gebühren, die die „Kunden“ entrichten, aus Leistungen der Kranken- oder Pflegeversicherung, aus Zuschüssen der Kommunen, aus kirchlichen Zuwendungen sowie durch Spenden und Mittel aus anderen Einnahmequellen. Je nachdem, ob es sich um eine Sozialstation, eine Beratungsstelle oder ein Jugendheim handelt, setzt sich die Finanzierung dabei sehr unterschiedlich zusammen.

Finanzielle Engpässe entstehen meistens dann, wenn bisher selbstverständliche Zuschüsse plötzlich gekürzt werden oder gar ganz entfallen. Ein erster Schritt zur Konsolidierung des Haushalts muß dann eine sorgfältige und selbstkritische Analyse des eigenen Angebots sein: Welche Leistungen sind wirklich gefragt, welche könnten wir zur Not zurücknehmen? Und: Welche Leistungen, die wir bisher nicht anbieten, könnten wir aufgrund der Sachkompetenz unserer Mitarbeiter künftig erbringen?

Kriterium für die Frage, ob ein Angebot am Markt bestehen kann, ist nicht unbedingt, daß die Leistung direkt vom „Kunden" bezahlt wird. Es würde dem christlichen Anspruch zum Beispiel widersprechen, seelsorgerliche Beratung nach Stunden abzurechnen. Wo eine direkte Refinanzierung durch Preise und Gebühren nicht machbar oder wünschenswert ist, muß es allerdings gelingen, aus anderen Quellen Geld für diese Arbeit zu akquirieren. Und ob es möglich ist, andere Geldgeber zu finden, ist indirekt auch wieder eine Frage der Überzeugungskraft des jeweiligen Leistungsangebots.

Sozialstationen, Beratungsstellen und andere Einrichtungen der christlichen Wohlfahrtspflege müssen potentielle Geldgeber also davon überzeugen, daß sie eine menschlich und gesellschaftlich unverzichtbare Aufgabe wahrnehmen. Egal, ob sie sich mit ihren Fundraising-Aktivitäten an Einzelspender, Sponsoren oder an politische Entscheider wenden: Sie müssen den Nutzen ihrer Einrichtung an konkreten und plastischen Beispielen verdeutlichen. Die Notwendigkeit christlicher Sozialarbeit ergibt sich nicht aus abstrakten Konzepten und Analysen, sondern aus nachvollziehbaren Einzelfällen, Schicksalen und Biographien, verbunden mit seriös aufgearbeiteten Zahlen, die eine Problemlage in einen gesellschaftlichen Gesamtzusammenhang stellen.

Gleichzeitig muß die Einrichtung natürlich glaubhaft machen können, daß sie die Kompetenz hat, die hilfsbedürftigen Menschen auch wirksam zu unterstützen. Wer diese beiden Punkte – die menschlich nachvollziehbare Not und die einleuchtende Hilfe – überzeugend darstellen kann, wird auch eine Chance haben, finanzielle Unterstützung zu mobilisieren.

Auf diesem Hintergrund kann man Formen ergänzender Finanzierung prüfen: Stiftungen, die man selber einrichtet, bieten im Hinblick auf die in diesen Jahren rollende immense Erbschaftswelle eine gute Möglichkeit. Förderkreise und eine aktive Ehemaligen-Arbeit sind zum Beispiel im Bereich der Kinder- und Jugendhilfe ein Weg. Spendenwerbung durch Mailings ist eine Finanzierungsquelle, die an manchen Stellen noch auszubauen und zu professionalisieren wäre.

Gerade im Bereich der großen kirchlichen Verbände wie Caritas und Diakonie hängt das Spendenaufkommen eng mit dem Image und der Öffentlichkeitsarbeit der Organisationen insgesamt zusammen. Deswegen ist es notwendig, Fundraising-Bemühungen auf lokaler Ebene unbedingt mit den regionalen Stellen zu koordinieren. Im übrigen halten die zentralen Fundraising-Abteilungen der Werke auch praktische Hilfen für die Finanzierung der Arbeit kleinerer Einrichtungen bereit.

• *Kirchliche Kindergärten*

Kindergärten sind kostenintensiv, und – was in der Öffentlichkeit wenig gesehen wird – diese Kosten stellen trotz aller Zuschüsse eine gewaltige Belastung in den Haushalten der Kirchengemeinden dar.

Da die Versorgung mit Kindergartenplätzen eine kommunale Aufgabe ist, sind Finanzierungsgespräche mit den Kommunen unumgänglich. Problem: Diese Verhandlungen führen da zu Konflikten, wo die Kommunen selber „pleite" sind. Und das ist leider fast überall der Fall. Trotzdem: Wo die Kirchengemeinde die Trägerschaft an einen eingetragenen Verein als „armen Träger" abgibt, ist die Kommune zu höheren Zuschüssen verpflichtet und zahlt sie auch, wenn der Kindergarten ansonsten geschlossen werden müßte.

Im übrigen sind eine aktive Elternarbeit und eine sichtbare Verflechtung mit der die Einrichtung tragenden Kirchengemeinde die zwei Säulen, auf denen ein Kindergarten steht. Je enger die Eltern über eine spezielle Förderarbeit eingebunden sind und den Kindergarten wirklich unterstützen, desto größer der öffentliche Druck auf die Lokalpolitiker, ihn nicht fallenzulassen. Umgekehrt gilt: Je mehr die Gemeinde vom Kindergarten hat (Gemeindeaufbau, Beteiligung an Gottesdiensten), desto größer die Bereitschaft, sich diesen teuren Arbeitsbereich weiter zu leisten.

Die Eltern sind als Zielgruppe für – über die Gebühren hinausgehende – finanzielle Beiträge oft schwierig, weil sie selber wirtschaftlich noch nicht so „potent" sind wie 45- bis 60jährige. Aber nicht berufstätige Elternteile unterstützen oft sehr aktiv als „Zeitspender" die Organisation von „Events" wie Benefiz-Veranstaltungen oder Feste, zu denen dann auch Großeltern, Menschen aus dem Stadtteil und andere potentielle Unterstützer eingeladen sind. Machen Sie bei solchen Gelegenheiten sichtbar, wofür Sie Spenden suchen: Zeigen Sie das Spielzeug, die Rutschbahn, den Sandkasten – und nennen Sie Preise. Sie werden feststellen, daß es durchaus Wege gibt, als Kindergarten an „zusätzliche" Mittel zu kommen.

• *Konfessionelle Schulen*

Auch bei kirchlichen Schulen laufen die erfolgreichsten Fundraising-Maßnahmen über die Elternarbeit. Höhere Schulen haben es dabei einfacher als Grundschulen, weil die Eltern dann in der Regel schon besser verdienen. Für konfessionelle Schulen aller Typen ist die zentrale Aufgabe, eine Identifikation zwischen den Eltern und der Schule herzustellen. Wenn es Ihnen gelingt, das Besondere an einer katholischen Grundschule oder einem evangelischen Gymnasium herauszuarbeiten, und Schüler und Eltern hinter diesem Image stehen, werden sie auch für den Erhalt kämpfen.

Die öffentliche Bezuschussung ist natürlich ein entscheidender Baustein der Finanzierung, die kircheninterne Unterstützung ein zweiter. Gerade bei den Verhandlungen innerhalb der Kirche ist es nicht unwesentlich, wie deutlich die Eltern ihren Wunsch artikulieren, die jeweilige Schule in der konfessionellen Trägerschaft fortgeführt zu sehen. Ein zweiter Indikator für die „Unentbehrlichkeit" einer Einrichtung ist die Zahl der Anmeldungen. Aus beiden Gründen ist die interne wie externe Öffentlichkeitsarbeit das entscheidende Element einer

Fundraising-Strategie. Schulleiter sollten hier auf professionelle Unterstützung zurückgreifen – beispielsweise eine Agentur, die in begrenztem Umgang aktiv wird.

An konkreten Maßnahmen zur Verbesserung der Einnahmensituation sind „Fundraising-Events“ wie Benefiz-Veranstaltungen zugunster bestimmter schulischer Arbeitszweige (Kultur, Theater) sinnvoll; die Gründung eines Fördervereins aus ehemaligen Schülern ist gängige Praxis (Kontaktpflege durch regelmäßige Zeitschrift und Einladungen wichtig). Denkbar ist auch die Gründung einer Stiftung zugunsten der Schule, die sich durch „Zustiftungen“ aus dem Kreis der Ehemaligen aufbaut, was allerdings langjährige intensive Kontaktarbeit voraussetzt.

• *Projekte der Jugendarbeit*

Jugendeinrichtungen finanzieren sich größtenteils aus regelmäßigen Zuschüssen der kommunalen Etats und der kirchlichen Träger. Da es sich bei der Jugendarbeit um eine gesamtgesellschaftliche Aufgabe handelt, ist eine Finanzierung durch öffentliche Mittel auch unverzichtbar. Dennoch sind ergänzende Geldquellen zunehmend notwendig. Wie findet man sie?

Die Grundfrage ist auch hier: Wo ist der „Nutzen“ der Projekte für potentielle Spender? Wie läßt sich der Wert von Projekten mit Jugendlichen für (ältere) Geldgeber erfahrbar machen? Wie kann man eventuell Sponsoren akquirieren und was kann man ihnen als Gegenleistung anbieten?

„Emotional anknüpfen“ kann man an Erlebnisse, die erwachsene Menschen selbst in ihrer Jugend gemacht haben, und bei ihrer Verantwortung, die sie als Eltern für ihre heranwachsenden Kinder empfinden. Eltern haben beispielsweise Sorge, daß ihre Kinder durch Drogen gefährdet werden könnten, daß sie in „schlechte Gesellschaft“ geraten, daß sie ihr Leben nicht in den Griff bekommen könnten, weil sie keine berufliche Perspektive finden oder keine Werte verinnerlicht haben, die ihnen Orientierung geben können.

Für Projekte der Jugendarbeit kommt es darauf an, den „lebensqualifzierenden“ Aspekt ihrer Arbeit nicht abstrakt, sondern deutlich und griffig zu formulieren und potentiellen Unterstützern Teilhabe am praktischen Alltag der Projekte zu ermöglichen. Laden Sie Eltern und Muliplikatoren regelmäßig in Ihre Einrichtung ein, lassen Sie sie erleben, wie Jugendliche von dem, was sie machen, profitieren, machen Sie deutlich, wie Sie als Jugendmitarbeiter stellvertretend Verantwortung übernehmen. Dabei sind alle Sinne gefragt – keineswegs nur der Kopf! Ausstellungen, Feste, regelmäßige Projektberichte, telefonische Kontakte zu Eltern, Präsenz in der Presse, Aktionen in der Fußgängerzone – es gibt viele phantasievolle Wege, das Leben einer Einrichtung oder Gruppe transparent zu machen.

Vor diesem Hintergrund kann es dann auch gelingen, für bestimmte Vorhaben finanzielle Unterstützung zu finden: für eine Aktion, eine Freizeit, eine

Anschaffung für die Gruppe, möglicherweise (etwa über einen Förderkreis) auch für eine Mitfinanzierung einer Stelle. Benennen Sie Ihren konkreten Bedarf, machen Sie den Fortschritt Ihres so finanzierten Angebots für den Spender „erlebbar“, vermitteln Sie ihm das Gefühl, daß er mit seinem Geld dazu beiträgt, daß die junge Generation eine Zukunft hat. Dabei kann man auch Senioren ansprechen, an Lehrer und Geschäftsinhaber herantreten, in Gottesdiensten sammeln ... Zielgruppe sind keineswegs nur die Eltern!

Ein weiterer vielversprechender Weg besteht für die Jugendarbeit im Sponsoring durch Sachmittel (Kleinbus) oder Geld. Suchen Sie konkret die Geschäfte auf, die an der Zielgruppe „Jugendliche“ dran sind, präsentieren Sie Ihnen Ihr Projekt (was ist die „Botschaft“, die sie damit verkörpern und an die sich ein Sponsor anschließen könnte?), machen Sie Ihre Gegenleistung deutlich. Zum Sponsoring und für andere Fundraising-Maßnahmen finden Sie im Kapitel „Bausteine einer Fundraising-Strategie“ zahlreiche weitere Ideen.

• *Kirchliche Bildungseinrichtungen*

Die Bildungsarbeit in Akademien und Werken wurde bisher unter anderem durch Mittel der Länder bezuschußt. Diese Mittel werden zunehmend beschnitten – für viele Einrichtungen wird es dadurch schwer, ein gutes Programm zu finanzieren. Dazu kommt, daß die Bereitschaft, sich an kirchlichen „Bildungsmaßnahmen“ zu beteiligen, in der Bevölkerung insgesamt eher abzunehmen scheint.

Auf der anderen Seite werden neue Anforderungen an die Anbieter von Bildungsarbeit gestellt: in der qualifizierten Fortbildung Ehrenamtlicher (Weiter- und Fortbildungen werden „zertifiziert“) und – hier liegt das ureigene Feld kirchlicher Träger – in einem Angebot von Gruppen, Seminaren und Begegnungen, in denen die Frage nach den tragenden Werten, dem Sinn und der Zukunft des eigenen Lebens sowie nach der Gestaltung von „Übergängen“ (Familiengründung, Ruhestand) gestellt werden kann.

Eine Finanzierungsquelle, die Bildungsanbieter zunehmend stärker mit einbeziehen (müssen), sind die Teilnehmerbeiträge selber. Dieses Standbein ließe sich an manchen Stellen noch ausbauen, wenn eine professionellere Darstellung des Angebots – eine einladendere „Produkt-Präsentation“ – Praxis wäre. Dabei können „gefragte“ Veranstaltungen weniger besuchte Kurse mittragen. Sehr viel hängt an einem guten Verteiler, der die richtigen Themen zur richtigen Zeit auch an die richtigen Interessenten bringt. Hier liegt häufig noch ein Entwicklungspotential.

Möglich ist auch, mit „Bildungspaketen“ aus der eigenen Einrichtung herauszugehen – etwa in Firmen, die ihren Mitarbeitern die Teilnahme ermöglichen (und bezahlen). Wo Menschen regelmäßig vom Angebot eines Bildungsträgers profitieren und sie auch an der Programmgestaltung beteiligt sind, ist auch das Angebot einer Fördermitgliedschaft sinnvoll. Bei bestimmten Themen ist die Förderung durch eine Stiftung nicht unrealistisch, etwa bei Umweltfragen. Einrichtungen mit einer langen Geschichte können auch eine eigene Stiftung ins Auge fassen. Eine wichtige Ressource ist die Zeit: Wo lassen sich (gute) Referenten ehrenamtlich gewinnen (Industrie, Universitäten, Beratungsstellen)?

Insgesamt ist Voraussetzung eines guten „Marketings", daß Sie als Bildungswerk oder Akademie ein erkennbares Profil entwickeln und nicht als „Allround-Anbieter" den Versuch machen, nach allen Seiten hin offen zu sein. Machen Sie Ihren Absender „Kirche" mit Ihrer damit verbundenen „Kernkompetenz" auf einladende und symphatische Art deutlich! Die Entwicklung eines einheitlichen Erscheinungsbildes mit einem prägnanten Logo und einem griffigen Slogan sind dabei ebenso zentrale Elemente wie die Besetzung bestimmter Themenfelder. Eine solche „Unternehmens-Identität" zu entwickeln, ist der wichtigste Baustein einer dauerhaft tragenden Fundraising-Aktivität.

• *Einrichtungen und Angebote für Senioren*

Seniorenheime sind durch die Pflegeversicherung und durch deren restriktive Handhabung im Hinblick auf die Pflegesätze enorm unter Druck geraten. Die entstandenen Löcher in den Budgets lassen sich mittelfristig nur durch Personalabbau ausgleichen. Viele Einrichtungen sind dazu übergegangen, sich mit ambulanten Pflegediensten und ähnlichen Serviceleistungen ein zusätzliches Standbein zu verschaffen. Eine solche „Diversifizierung der Produktpalette" ist unumgänglich.

Für viele Einrichtungen neu ist auch die verstärkte Anstrengung, aktiv um „Kunden" zu werben. Tage der Offenen Tür, Kontaktaufnahme zu möglichen späteren Bewohnern über andere Anbieter der Seniorenarbeit, ein attraktives Aktivierungs- und Freizeitprogramm für die Heimbewohnerinnen und -bewohner sowie das Angebot, fließende Übergänge vom selbstbestimmten und unabhängigen Wohnen hin zu möglicher Inanspruchnahme von Pflegeleistungen zu ermöglichen, sind Bausteine einer solchen Öffnung. Eine Chance, die kirchliche Häuser dabei oft noch nicht in vollem Umfang nutzen, ist die naheliegende Verzahnung mit der Seniorenarbeit der Gemeinden und die konsequente Nutzung des Imageträgers „Pfarrer" mit seinen vielen Kontakten gerade zu älteren Menschen. Die interne Kommunikation innerhalb der Kirche auszubauen, ist ein wichtiger Baustein einer Fundraising-Strategie.

Im übrigen bietet sich auch für Seniorenheime an, über regelmäßige „Events" wie Sommerfeste, Basare mit Verkauf von selbstgefertigten kunsthandwerklichen Produkten, Fördermitgliedschaften und andere kleinere Bausteine ergänzendes Fundraising zu betreiben. Gemeinden, die ihr Seniorenheim längerfristig auf solide finanzielle Beine stellen wollen – und aufgrund der Alterspyramide ist der Bedarf an seniorengerechten Wohnformen steigend – können auch die Einrichtung einer Stiftung in Erwägung ziehen.

Seniorengruppen und -angebote in der Gemeinde sind, was die finanziellen Möglichkeiten der Teilnehmerinnen und Teilnehmer angeht, sehr uneinheitlich. Oft sind die älteren Menschen bedürftig, viele verfügen aber auch über gute Alterseinkünfte. Wo eine Seniorengruppe oder -arbeit einen guten Zusammenhalt aufweist, kann man durch eine nach Einkommen gestaffelte „Fördermitgliedschaft" Ausgaben (bis hin zu Personalausgaben) decken. Bieten Sie für diesen Beitrag eine sichtbare Gegenleistung an – etwa in Form eines Gutschein-Hefts oder Mitglied-Ausweises, der deutlich macht, auf was die Seniorinnen und Senioren „Anspruch" haben: Teilnahme an Gruppen, Freizeitangeboten, Bildungsveranstaltungen und anderes mehr.

Ziel sollte sein, den Seniorinnen und Senioren das Gefühl zu vermitteln, daß Sie als Menschen in der Gemeinde willkommen und zuhause sind, bei Bedarf Begleitung und Rat erfahren und das auch „schriftlich" haben. Die Gemeinde ist „ihre" Gemeinde – für dieses Bewußtsein werden sie dann auch gerne einen Beitrag leisten – nicht über die Kirchensteuer, aber über ihre regelmäßige Zuwendung, die sich nach ihren Möglichkeiten richtet.

Wo ein „Wir"-Gefühl unter den Seniorinnen und Senioren wach ist, werden sie sich auch darüber hinaus für die Finanzierung „ihrer" Gemeinde einsetzen – durch Sachspenden für den Trödelmarkt, durch Zeitspenden (jüngere Senioren, die handwerkliche Tätigkeiten übernehmen), durch Kontakte und Fähigkeiten, die sie aus ihrem Berufsleben mitbringen. Bei größeren Projekten der Seniorenarbeit sollten Sie auch die Möglichkeiten von Sponsoring prüfen. Die Zielgruppe Senioren spielt eine zunehmend größere Rolle im wirtschaftlichen Leben.

• *Arbeitslosenprojekte in kirchlicher Trägerschaft*

Arbeitsloseninitiativen stehen meistens auf den Standbeinen Beschäftigung und Qualifikation. Sie werden darin von verschiedenen öffentlichen Stellen unterstützt, denn aus eigener Kraft können sie am Markt in der Regel nicht bestehen. Arbeitslosenprojekte in kirchlicher Trägerschaft werden überdies von Gemeinden, Diözesen und landeskirchlichen Stellen mitfinanziert. Doch aufgrund zurückgehender Einkünfte nehmen auch diese Zuschüsse ab – die Kirchen sind plötzlich in der unangenehmen Lage, selber Arbeitsstellen abbauen zu müssen. Das gefährdet die Glaubwürdigkeit des Engagements für von Arbeitsplatzverlust bedrohte Menschen.

Die größte Chance auf Refinanzierung des Engagements in diesem Bereich bietet eine erfolgreichere „Vermarktung" der Produkte, die die Arbeits(losen)projekte und Beschäftigungsinitiativen anzubieten haben. Oft halten sie eine Fülle von Dienstleistungen vor – vom Büroservice über Druckereibetriebe bis zu KFZ-Diensten. Wenn alleine die Mitarbeiterinnen und Mitarbeiter der eigenen kirchlichen Einrichtungen und Gemeinden dienstlich und privat die Dienstleistungen „ihrer" Sozialprojekte regelmäßig in Anspruch nehmen würden (anstatt mit dem Auto in eine normale Werkstatt zu gehen oder bei einer externen Firma drucken zu lassen), wäre schon viel gewonnen. Doch das setzt eine Identifikation mit der eigenen Einrichtung voraus, die oft nicht gegeben ist. Interne Kommunikation ist auch hier das Stichwort.

Im übrigen gibt es an vielen Orten Initiativen, die das Problem „Arbeitslosigkeit“ mit Blick auf Spenden und andere Formen finanzieller Unterstützung aktiv ins Bewußtsein der Öffentlichkeit rücken. Beispiel aus der Stadt Aachen: „Investieren Sie in Menschen“ – eine jährliche Fundraisinginitiative der beiden Kirchen. Oft lassen sich für solche Initiativen die Tageszeitungen und lokalen Hörfunksender als „Medienpartner“ gewinnen. Die evangelische Kirche in Köln geht zur Zeit einen neuen Weg und prüft, ob sich das kirchliche Engagement gegen Arbeitslosigkeit nicht ebenfalls mit einer Stiftung finanziell langfristig absichern läßt.

• *Finanzierung von Bauvorhaben*

Bauvorhaben – die Renovierung einer alten Kirche, der Neubau eines Gemeindezentrums – bringen zwei Schwierigkeiten mit sich: Erstens haben sie auf den ersten Blick viel mit „toten“ Steinen und wenig mit lebendigen Menschen zu tun. Zweitens sind die Geldbeträge, um die es geht, in der Regel sehr hoch. Beides steht einer erfolgreichen Mitteleinwerbung aber keineswegs entgegen. Allerdings stellt es sie vor besondere Herausforderungen.

Der erste Schritt bei der Entwicklung einer Finanzierungsstrategie ist darum, den „emotionalen Wert“ der Kirche oder des Gemeindezentrums für die potentiellen Spender konkret zu formulieren. „Was habe ich davon, wenn ich den Bau unterstütze? Was bringt mir das Zentrum?“ Diese Frage müssen Sie beantworten. Beschreiben Sie Ihr Bauvorhaben so attraktiv, daß die Angesprochenen von sich aus sagen: Das will ich unterstützen, das ist meine Sache. Entwerfen Sie eine Vision, die Ihre Spender gerne teilen.

Vielleicht ist das Gemeindezentrum ein neuer reizvoller Mittelpunkt des örtlichen Lebens? Ein Zentrum nicht nur für die Gemeinde, sondern auch für die Bürger am Ort? Für Senioren endlich eine Chance, sich in einer hellen und schönen Umgebung regelmäßig mit Freunden zu treffen? Für Familien eine Möglichkeit, ein Fest zu feiern, ohne in ein Lokal gehen zu müssen? Mit selbst gestaltbaren Räumen für Kinder und Jugendliche, die hier endlich ein Zuhause finden? Ein Ort des spirituellen Lebens, an dem Menschen sich mit ihren Fragen nach dem Sinn wiederfinden werden?

Machen Sie den Wert Ihres Bauvorhabens schon vorher erlebbar: durch ein Sommerfest auf dem noch unbebauten Grundstück, bei dem die Baupläne vorgestellt werden; durch einen Stand im Supermarkt in der Ortsmitte, in dem sich die Leute treffen; durch Besuche des Pfarrers in seiner Gemeinde, bei dem er oder sie ein Modell der Kirche mitbringen: „So soll es aussehen. Aber wir brauchen noch Geld. Genau: 360 Mark pro Haushalt. Ich bitte Sie, den Bau der neuen Kirche zu fördern, in dem Sie für ein Jahr 30 Mark pro Monat dazugeben“ (Zahlen auf Monatsbetrag herunterbrechen).

Auch eine Renovierung läßt sich ähnlich finanzieren. Wenn in einer alten Kirche aus der Reformationszeit das Dach ausgebessert werden muß, sollten Sie dahin kommen, daß die Menschen am Ort von sich aus sagen: „Unsere schöne Kirche darf nicht einstürzen". Machen Sie den Wert der Kirche „erlebbar": Mit Entdeckungs-Touren in den bedrohten Turm, mit der Aufführung von Musik und Theater in den alten Mauern, mit einem Programm, an dem die Leute gerne teilhaben. Zeigen Sie mit Bildern die Schäden: Mit bloßem Auge sieht man sie in der Regel kaum. Und bei diesen Gelegenheiten formulieren Sie auch Ihr finanzielles Problem.

Spendenbriefe sind ein Weg, Mittel zu finden: Schreiben Sie 25 Gemeindemitglieder an, die Sie persönlich kennen und die für 500 bis 1000 Mark „gut sind", und bitten Sie sie um diesen Betrag. Bieten Sie Spendern an, sich zu verewigen (mit einem Stein, auf dem ihr Name steht, Eintrag in ein goldenes Spenderbuch etc.) Visualisieren Sie den Fortschritt des Spendenaufkommens in geeigneter Weise (Holz- oder Pappmodell der Kirche, das mit dem Spendenaufkommen symbolisch langsam wächst). Verkaufen Sie an Spender Gutscheine für die Feier eines künftigen Familienfests in den neuen Räumen.

Suchen Sie Sponsoren (wie können sie im Leben des neuen Zentrums vorkommen? Kann man – bei einer Großspende – einen Raum nach ihnen benennen?). Senken Sie die Baukosten durch Zeit- und Sachspenden von Handwerkern, Architekten, Gartenbaufirmen, Inneneinrichtern (Gegenleistung?). Lassen Sie eine Fertigbau-Firma (nach Ihren Plänen natürlich) das erste Fertigbau-Gemeindezentrum bauen – ein (für Sie sehr preisgünstiger) Musterbau, der (für die Firma) einen neuen Markt erschließt ...

Und fragen Sie sich bei jeder Spendenbitte: Was hat mein Gegenüber davon? Wo liegt für ihn der persönliche Gewinn? Ein kreativer Einsatz dieser Maßnahmen ermöglicht nicht nur, erhebliche Beträge an Spenden einzuwerben, sondern auch, das Bauvorhaben in der Öffentlichkeit von vorneherein mit großen Sympathien zu besetzen.

• *Projekte der Entwicklungshilfe, Ökumene und Mission*

Projekte zugunsten notleidender Menschen in Übersee sind klassische „Spendengebiete". Zu unterscheiden sind dabei überregionale Projekte – unterstützt etwa von Brot für die Welt und Misereor – und lokale oder gemeindliche Partnerschaften, die einzelne Gemeinden pflegen. Im Hinblick auf ein erfolgreiches Fundraising kommt es darauf an, die Identifikation zwischen Spendern und Projekt zu stärken und die Gemeinden am Fortschritt der jeweiligen Spendensammlung teilhaben zu lassen.

Konkretes Beispiel: Die evangelische Kirchengemeinde Wiesloch (Baden-Württemberg) hat bei der jährlichen Spendenaktion für Brot für die Welt durch eine ansprechende „Visualisierung" der Projekte das Spendenaufkommen um das Fünffache steigern können. Bei einer Sammlung für Straßenkinder in Nicaragua etwa (1995) brachte Pfarrer Gerhard Engelsberger das 1,80 Meter große Plakat aus der

Materialmappe von Brot für die Welt in der Kirche an, verdeckte es aber komplett mit Packpapier. Auf das Papier zeichnete er zwölf Puzzleteile. Für jeweils 1.000 Mark Spendeneingang entfernte er eines der Puzzleteile und gab so zunehmend den Blick auf das Plakat frei. Ähnliche "Visualisierungen" lassen sich auf viele andere Spendenprojekte übertragen. Weitere Beispiele finden Sie auf Seite 87.

Im übrigen gibt es eine Fülle von Fundraising-Ideen, die für die klassische „Hilfe am fernen Nächsten" zum Einsatz gebracht werden können. Der Spenden-Bittbrief ist selbstverständlich auch auf Gemeindeebene eine gute Möglichkeit. Erlöse auf Verkaufs- und Benefizveranstaltungen können diesem Zweck zufließen. Förder- und Freundeskreise sind auch hier geeignete Mittel. Auch der Bericht von einer Hilfsfahrt im redaktionellen Teil der Zeitung mit gleichzeitigem Spendenaufruf ist eine wirksame Möglichkeit. Leitfrage bei allen Aktionen sollte sein: „Wie können wir die Not der Menschen und die Wirksamkeit der geleisteten Hilfe so anschaulich vermitteln, daß sich viele potentielle Spenderinnen und Spender damit identifizieren?"

• *Beispiele für erfolgreiche kirchliche Fundraising-Projekte*

Die Suchtpräventionsstelle der Ev. Kirchengemeinde Köln-Gartenstadt Nord

Vor dem Hintergrund einer zunehmenden Zahl von Kindern, die mit süchtigen Eltern und anderen Bezugspersonen zusammenleben, hat die Evangelische Kirchengemeinde Köln-Gartenstadt Nord im Juni 1993 eine „Beratungsstelle für Suchtprävention" eingerichtet. Eine Arbeit, die in dem Stadtteil dringend notwendig war und ist – die Gemeinde entschloß sich darum zu diesem Schritt, obwohl die Finanzierung auf wackeligen Füßen stand. Die Mitarbeiter der Beratungsstelle waren durch die Mittelknappheit die ganze Zeit über darauf angewiesen, weitere Finanzierungsquellen für ihre Arbeit „aufzuschließen". Aus der Not wurde eine Tugend – die Suchtprävention betreibt inzwischen ein in der Region vorbildliches „Fundraising".

So hat die Stelle sehr früh einen „Förderverein" ins Leben gerufen, der inzwischen 75 Mitglieder umfaßt, die die Arbeit im Schnitt mit 100 Mark pro Jahr unterstützen. Der Förderverein nimmt auch „stellvertretend" für die Kirchengemeinde alle Spenden für die Stelle entgegen, die damit aus der unhandlichen kirchlichen Haushaltssystematik ferngehalten werden.

Mitglieder des Fördervereins und Menschen im Umfeld der Suchtprävention tragen außerdem durch eine rege Produktion von kleinen kunsthandwerklichen Produkten aus Holz und anderen Materialien zur Finanzierung der Stelle bei: Die Schmuckstücke werden zum Verkauf im Ladenlokal angeboten und bringen der Stelle rund 6000 Mark im Jahr ein.

Teile der Erlöse aus Gemeindefesten beider Konfessionen im Stadtteil kommen der Stelle regelmäßig zugute. Der Verkauf von informativen Verteilschriften wie einem Reader über die Risiken von Cannabis-Konsum bringt neben dem aufklärerischen Nutzen ebenfalls Geld in die Kasse.

Einen größeren Anteil der Stelle finanziert eine lokale Stiftung, die zur Unterstützung der Beratungsstelle gewonnen werden konnte. Die Verhandlungen mit der Stiftung wurden durch schon bestehende Kontakte zwischen Kirchengemeinde und Stiftungsvorstand erleichtert. Eine Anschubfinanzierung für die Stelle gab der regionale „Stadtkirchenverband", ein Zusammenschluß von vier Kirchenkreisen. Einer dieser Kirchenkreise unterstützt die Suchtprävention darüber hinaus durch einen regelmäßigen Zuschuß. Kommunale Stellen geben für konkrete Projekte Geld – eine regelmäßige institutionelle Förderung konnte hier noch nicht erreicht werden. Den fehlenden Teil der Finanzierung übernimmt die Gemeinde Köln-Gartenstadt Nord selber.

Ein weiterer großer Teil der Einkünfte ergibt sich aus Spenden, für die die Mitarbeiter immer wieder werben. „Eine neue Erfahrung ist es, regelmäßig mit der Bitte um Geld an Menschen heranzutreten", berichtet der Leiter der Suchtprävention, Jürgen Meisenbach. Doch er habe sich schnell daran gewöhnt – aus der Notwendigkeit heraus. Jetzt sei es für ihn selbstverständlich, etwa nach einem Fachvortrag über Suchtvorbeugung vor Kindergarteneltern auch um eine Spende für die Arbeit zu bitten. Die so Gebetenen, so seine Erfahrung, haben mit der Bitte um eine Spende weniger Probleme als er selber – weil sie verstehen, wie wichtig die vorbeugende Suchtberatung ist.

Aus der Erfahrung heraus, daß er als Leiter der Einrichtung zwar für das Finanzmanagement verantwortlich ist, dabei die inhaltlich-pädagogische Arbeit aber nicht vernachlässigen kann, hat sich der Sozialpädagoge um eine professionelle Unterstützung in Sachen Fundraising bemüht. In Kooperation mit dem Stadtkirchenverband Köln ist es gelungen, vom Arbeitsamt eine Psychologin mit Erfahrung in Fragen der Öffentlichkeitsarbeit und im Management von Non-Profit-Organisationen als ABM-Kraft zu bekommen. Seit dem 1. Dezember 1996 ist Ute Ackermann damit beschäftigt, die Fundraising-Anstrengungen der Einrichtung zu systematisieren und auszubauen.

Ihr erster Schritt war, die Kontakte zu den Förderkreis-Mitgliedern zu intensivieren und sie zu Info-Veranstaltungen einzuladen. Bei einem Neujahrstreffen erfuhren die Förderer an ganz praktischen Beispielen, was „mit ihrem Geld passiert", vier Monate später erhielten sie einen Infobrief mit neuen Nachrichten aus „ihrer" Beratungsstelle. Es folgten Kontakte der Suchtprävention zur lokalen Geschäftswelt – jetzt stehen kleine „Spendendosen" auf etlichen Ladentheken, Motto: „Ihr Pfennig ist uns viel wert."

Insgesamt haben die Fundraising-Anstrengungen nicht nur Geld eingebracht, sondern auch dazu beigetragen, das Angebot der Beratungsstelle sehr wirkungsvoll in der Öffentlichkeit zu „positionieren".

Fundraising für den Aachener Dom

Der Aachener Dom erhielt seine heutige Gestalt im Verlauf einer mehr als tausendjährigen Geschichte. Er ist – Teil des UNESCO-Weltkulturerbes – ein großartiger Kirchenbau, dessen Kernbau um 800 vollendet war; spätere Ergänzungen und Anbauten spannen einen Bogen von mittelalterlicher bis hin zur Architektur des 19. Jahrhunderts. Die Aachener Domschatzkammer birgt einen der wertvollsten Kirchenschätze Europas, eine einzigartige Sammlung von Kostbarkeiten aus der Geschichte des Doms.

Zur Erhaltung und Unterhaltung eines solchen – fast 1200 Jahre alten – Gotteshauses sind erhebliche finanzielle Mittel notwendig. Das Domkapitel hat darum eine Reihe von Maßnahmen gebündelt, die zusammengenommen rund 1,0 bis 1,5 Millionen Mark an jährlichen Einnahmen erbringen. Hinzu kommen öffentliche Zuschüsse.

Drei Säulen tragen die Fundraising-Arbeit für die Kathedrale der Kaiserstadt:

1. Der „Karlsverein" (1847) als Dombauverein mit einer 150jährigen Tradition der Hilfe für den Dom mit über 1000 Mitgliedern organisiert und plant Unterstützungsmaßnahmen für den Dom. Ein klar und einfach gegliedertes sogenanntes „Karlsverein-Telegramm" informiert die Mitglieder über die aktuellen Sanierungsmaßnahmen, über Vorträge, Sonderausstellungen, Konzerte und über Angebote des Vereins zu Kunst- und Kulturreisen.

2. Die 1988 vom Dompropst initiierte Aktion „Der Aachener Dom braucht Hilfe" weist vor allem lokale Bezüge auf und führt verschiedene Fundraising-Maßnahmen in der Bevölkerung durch.

3. Die jüngste Säule ist die im November 1994 durch das Domkapitel errichtete „Europäische Stiftung für den Aachener Dom", deren Ziel es zum einen ist, den Aachener Dom als Symbol der geistigen und kulturellen Einheit Europas in einen europäischen Zusammenhang zu stellen, zum anderen Spenden aus ganz Europa einzuwerben, damit auch langfristig die Sanierungsmaßnahmen am Dom abgesichert sind. Für das Ehrenkuratorium der Stiftung konnten die Könige Spaniens und Belgiens, der Großherzog Luxemburgs und weitere Staatspräsidenten, Regierungschefs und Kardinäle gewonnen werden.

Erfolgreich ist das Dombau-Fundraising durch eine systematische Spenderbetreuung: Dreimal im Jahr erscheint ein Info-Doppelblatt (Newsletter) mit dem Titel „ ... rund um den Dom", das Wissenswertes und Buntes über die Sanierungsmaßnahmen und das Leben im Dom berichtet. Alle Spender und Förderer werden mittels EDV erfaßt und erhalten Einladungen zu Konzerten im Dom, zum „Kirchweihfest" als dem Treffen der Spender und Förderer, zu einer „Stunde der Begegnung", zu Sonderführungen über die „Baustelle Dom" und zu Turmbesteigungen. Diese Maßnahmen und – selbstverständlich – Dankesbriefe sofort nach Spendeneingang haben den Spenderpool auf fast 5.000 Unterstützer anwachsen lassen.

Die Aktion „Der Aachener Dom braucht Hilfe" ist von regelmäßiger Pressearbeit und Info-Veranstaltungen für Journalisten begleitet. Freianzeigen in den regionalen wie überregionalen Medien werden dabei ebenso eingesetzt wie gezielte Events, etwa ein Prominenten-Skat, ein jährliches Benefizkonzert, eine Zirkusgala etc. Zahlreiche Personen verzichten anläßlich von Geburtstagen, Jubiläen und Hochzeiten auf Geschenke zugunsten des Doms. Auch Patenschaften etwa für die Sanierung der Chorhallenfenster sind beliebt. Die Stiftung schließlich bietet die Möglichkeit, auch Großspender im angemessenen Rahmen in die Arbeit einzubeziehen.

Roland Wentzler, verantwortlich für die Fundraising- und Öffentlichkeitsarbeit des Domkapitels und Geschäftsführer der Stiftung, beschreibt den Leitgedanken des Konzepts mit der konsequenten „Förderung der Kommunikation“ zwischen Spendern und Spendenzweck, das heißt einer Spenderbetreuung, die sich auf die Unterstützer hinbewegt und sie einbezieht. So konnte die Identifikation vieler Aachener (und weit darüber hinaus) mit „ihrem Dom“ geweckt und sie zu verläßlichen Unterstützern des „Juwels abendländischer Baukunst“ und der damit verbundenen aufwendigen Erhaltungsmaßnahmen gewonnen werden.

Die Evangelische Akademie Mülheim an der Ruhr

Wie viele andere kirchliche Einrichtungen steht auch die Evangelische Akademie Mülheim an der Ruhr vor der Notwendigkeit, radikal zu sparen. Vor die Wahl gestellt, entweder neue Finanzquellen zu erschließen oder Mitarbeiterinnen und Mitarbeiter entlassen zu müssen, hat Akademiedirektor Dr. Dieter Bach das sogenannte „Spiel mit den sieben Bällen“ entwickelt. Durch einen „Mix“ an gut aufeinander abgestimmten Fundraising-Maßnahmen ist es ihm gelungen, den Bestand der Einrichtung ohne Entlassungen zu sichern und – darüber hinaus – die Arbeit der Akademie durch verschiedene „Kommunikationsmaßnahmen“ zusätzlich im innerkirchlichen und öffentlichen Bewußtsein zu verankern. An finanziellen Ressourcen erbrachten die „sieben Bälle“ im Jahr 1996 rund 950.000 Mark. Die Bausteine im einzelnen:

- Einsparungen in allen Bereichen
- (moderate) Preiserhöhungen für Akademie-Veranstaltungen
- Sponsoring von Einzelveranstaltungen, unter anderem durch die Krupp-Stiftung und die Bertelsmann-Stiftung, die Tagungen bezuschußt haben. So förderte die Bertelsmann-Stiftung verschiedene Veranstaltungen unter dem Thema „Geistliche Orientierung für das dritte Jahrtausend“.
- Verstärktes Bemühen um staatliche Zuschüsse: So konnten unter anderem mehr europäische Gelder, Finanzmittel der Bundeszentrale für Weiterbildung und Mittel der Deutsch-Polnischen Stiftung für Tagungen der Akademie eingeworben werden. Die Werbung um diese Mittel ist mühsam, lohnt sich aber unterm Strich, so die Erfahrung des Akademiedirektors.
- Die Akademie hat eine Fördergesellschaft ins Leben gerufen: 440 Mitglieder geben im Schnitt 100 Mark im Jahr für die Arbeit „ihrer“ Akademie. Neben den finanziellen Ressourcen gewinnt das Haus mit diesen Förderern auch ideelle Unterstützer und Multiplikatoren für seine Bildungsarbeit.
- Die 60 Mitarbeiterinnen und Mitarbeiter der Akademie haben eine „Betriebsgemeinschaft“ gegründet. Funktionsweise dieser Gemeinschaft: Die Angestellten – vom Studienleiter bis zum Reinigungspersonal – stellen eine Stunde Arbeitszeit in der Woche kostenlos zur Verfügung. Mit dieser Arbeitskraft werden zum

Beispiel Familienfeiern, Hochzeiten und andere Veranstaltungen ausgerichtet, die Geld in die Akademiekasse bringen. Auch Tagungen nichtkirchlicher Gruppen sind in der Akademie willkommen und ermöglichen durch den Komplett-Service einen Gewinn. Begonnen hat auch eine Öffnung der sehr schön gelegenen Akademie für Erholungsgäste. Flankiert werden diese Maßnahmen noch durch den Verkauf von Tassen, Tellern, Postkarten und anderen kleinen Andenken, die einen nicht unerheblichen Umsatz bedeuten.

■ Letzter Baustein ist die Einrichtung eines Stiftungs-Fonds mit dem Namen „Europa mit menschlichem Gesicht", der den Akademie-Betrieb längerfristig finanziell fördern soll. Wer diesen Fonds unterstützt, wird angemessen „verewigt": In einem goldenen Buch im Foyer der Einrichtung sind alle diejenigen festgehalten, die 1.000 Mark oder mehr gegeben haben, Spender von 10.000 Mark und mehr bekommen sogar einen eigenen Gedenkstein im „Europa-Garten", der für diesen Zweck vor der Akademie eingerichtet wurde.

Bausteine einer Fundraising-Strategie

Spendenwerbung – Mailings, Sammlungen, Events

Wer für ein kirchliches Projekt Geld braucht, steht vor der Frage: Wie nehme ich mit potentiellen Förderern Kontakt auf? Eine Vielzahl von Möglichkeiten bietet sich an: die persönliche Begegnung etwa bei der Haus- oder Straßensammlung, bei Festen und Fundraising-"Events", oder mediale Formen der Ansprache, etwa beim klassischen Spendenbrief, durch eine Anzeige oder einen Spendenaufruf in Anzeigenform. Schließlich sind zwischen medialer Form und persönlicher Ansprache Mischformen möglich – etwa der Serienbrief, der durch eine persönliche Anrede und einen handgeschriebenen Gruß eine individuelle Note bekommt. Das folgende Kapitel stellt eine Reihe von Möglichkeiten dar, mit privaten Spendern auf verschiedenen Kommunikationswegen in Kontakt zu kommen.

• *Planung und Durchführung einer Mailing-Aktion*

Wer sich dafür entscheidet, über Spendenbriefe um Unterstützung zu werben, möchte so in der Regel mit begrenztem Zeitaufwand eine hohe Zahl an potentiellen Förderern erreichen. Diesem unverkennbaren Vorteil stehen zwei Nachteile gegenüber: Erstens ein relativ hoher Kostenaufwand durch Druck und Porto des Mailings, zweitens der Verzicht auf einen persönlichen Kontakt zum Spender. Konkret bedeutet das: 90 Prozent der Spendenbriefe landen im Papierkorb, und wenn jeder hundertste Empfänger tatsächlich spendet, kann das schon – je nach Adressenmaterial – als Erfolg verbucht werden.

Nun haben Sie als kirchliche Einrichtung in mancherlei Hinsicht gegenüber anderen spendensammelnden Organisationen ganz praktische Vorteile, und die sollten Sie schon in der Planungsphase ausnutzen. So können Sie die Kosten senken und den Erfolg erhöhen. Ihre Trümpfe sind unter anderem:

■ Alle Gemeinden verfügen über gutes EDV-aufbereitetes Adressenmaterial, nämlich die Datei der eigenen Gemeindemitglieder – und zwar kostenlos.

■ Sie sind als Gemeinde oder Einrichtung vor Ort bekannt und genießen als „Kirche" ein gewisses Ansehen, um das andere Einrichtungen erst lange kämpfen müssen.

■ Sie verfügen über Kommunikationswege, die bereits eingespielt sind und die sich für die Spendenakquise nutzbar machen lassen, zum Beispiel den Gemeindebrief. So können Sie Porto sparen.

Wie plant man eine Mailing-Aktion?

■ Zuerst sollten Sie sich darüber im Klaren sein, welche *Zielgruppe* Sie ansprechen wollen. Je besser die Angeschriebenen das Projekt schon kennen, desto leichter wird es sein, aus dieser Gruppe Spender zu gewinnen. Wenn Sie ein neues Projekt vorstellen, sprechen Sie zuerst Menschen an, die der Projektidee aus ihrer Lebenssituation heraus nahe stehen. Für Kinder etwa werden Sie am ehesten bei Eltern oder Großeltern Interesse wecken können. – Machen Sie sich schon jetzt Gedanken darüber, wie Sie zu Ihrer Zielgruppe über den Spendenanlaß hinaus regelmäßigen Kontakt halten (Faustregel: zweimal im Jahr).

■ Wichtig ist auch der *Zeitpunkt des Mailings.* Wenn eine Problemlage oder ein Projekt gerade im öffentlichen Gespräch ist, werden Sie leichter Spenden einwerben können, als wenn Ihr Spendenzweck kein Thema ist. Beispiele: Greenpeace hatte im Umfeld der „Brent Spar"-Aktion natürlich ein hohes Spendenaufkommen, und die Enthüllungen über den Kindesmißbrauch in Belgien führten zu mehr Unterstützung für entsprechende Beratungsstellen. Aber auch eine „lokale" Öffentlichkeit fördert das Spendenaufkommen. Wenn das Diakonische Werk oder die Caritasstation die zunehmenden Gefahren der Sucht besonders für jüngere Jugendliche mehrmals mit entsprechender Presseresonanz öffentlich angesprochen haben, werden ihre Spendenbemühungen anschließend erfolgreicher sein. Also: Fundraising und Öffentlichkeitsarbeit zeitlich aufeinander abstimmen.

■ Wenn Sie wissen, wen Sie anschreiben wollen, stellen Sie das entsprechende *Adressenmaterial* zusammen. Die richtigen Adressen sind mindestens so wichtig wie ein überzeugender Spendenbrief! Tips dazu finden Sie im nächsten Abschnitt.

■ Klären Sie den *Druck* des Spendenbriefs: Läuft er über die eigene EDV oder übernimmt ein Rechenzentrum oder ein Lettershop den Druck? Für kleinere Auflagen (bis 500) wird es unkomplizierter sein, den eigenen PC zu bemühen (Zeit kalkulieren!).

■ Klären Sie den *Versand* des Spendenbriefs: Ist die normale Post sinnvoll (Portokosten ermitteln) oder ist es möglich, den Spendenbrief etwa mit dem Gemeindebrief auszutragen (individuell adressierter Spendenbrief in DIN-A-5-Fensterumschlag, dem der Gemeindebrief beigefügt ist). Aber bitte der Versuchung widerstehen, einen unpersönlichen Spendenbrief zu hektographieren und dem Gemeindebrief beizufügen!

■ Kalkulieren Sie jetzt den *Kostenaufwand* der Mailing-Aktion, und halten Sie auch den Zeitaufwand fest. Überschlagen Sie, was Sie umgekehrt an Spendeneingängen erwarten. Wenn Sie beide Faktoren – Aufwand und Ertrag – vorher festgehalten haben, können Sie die Aktion später besser auswerten und den Erfolg beim nächsten Mal optimieren. Vorsicht vor Illusionen: Oft „rentiert" sich ein Mailing erst beim zweiten oder dritten Mal, wenn Sie aus Ihrem Adressenmaterial die „schlechten" Adressen heraussortiert haben.

■ Planen Sie jetzt die *Abwicklung der Spendeneingänge:* Vorbereitung der Überweisungsträger, Buchung, und vor allem: Stellen Sie sicher, daß Sie von der buchenden Stelle innerhalb von zwei Tagen erfahren, wer wieviel gespendet hat. Nur dann können Sie sich sofort bedanken.

■ Dann entwickeln Sie das Mailing, das heißt den **Spendenbrief.** Tips dazu weiter unten.

■ Jetzt folgt die *praktische Abwicklung:* Druck, Versand ... und hoffentlich Eingang der Spenden.

■ Ganz wichtig: Innerhalb von einer Woche nach Eingang der Spenden *bedanken und Spendenbescheinigung zuschicken!*

■ Vier Wochen nach der Spendenaktion: *Auswertung* von Kosten- und Zeitaufwand sowie des Gewinns an finanziellen Ressourcen, an Bekanntheit des Spendenprojekts sowie an Image der Einrichtung (soweit durch Rückmeldungen greifbar, eventuell nachfragen).

■ Vier Monate sowie acht Monate nach der Spendenaktion: Die Spender über den *Fortgang des Spendenprojekts* informieren; möglicherweise auch die, die noch nicht gespendet haben. Denn wer beim ersten Mal nicht reagiert, hat unter Umständen trotzdem Interesse – aber reagiert aus unterschiedlichen Gründen erst beim zweiten oder beim dritten Anschreiben. Auch diese „Informationen" sollten so persönlich wie möglich gehalten werden, das heißt mit einem individuell adressierten Anschreiben versehen sein. Wer schon einmal gespendet hat, bekommt regelmäßig Jahresberichte etc. Schließlich wollen Sie, daß aus einmaligen Spendern regelmäßige Förderer werden!

■ Im übrigen sollten Sie das ganze Jahr hindurch die Bekanntheit Ihres Spendenzwecks durch *regelmäßige Berichterstattung* im Gemeindebrief, in der Kirchenpresse oder, wo möglich, in den Lokalmedien, erhöhen.

■ Ein Jahr später: Nach Auswertung der Stärken und Schwächen des Vorjahresergebnisses und nachdem Sie die Spender das Jahr hindurch regelmäßig „betreut" haben, starten Sie nun ein *zweites Mailing*. Bitten Sie ruhig um mehr Geld, als Sie beim ersten Mal bekommen haben – trauen Sie der Beziehung zwischen Spender und Projekt mehr zu. Je nachdem, wie intensiv Ihre Öffentlichkeitsarbeit für das Spendenprojekt war, werden Sie die bewährten Spendenbeziehungen vertiefen können und neue Spender dazugewinnen. – Adressaten, die auch nach drei Anschreiben keinerlei Reaktion zeigen, können Sie – jedenfalls, wenn die Kosten hoch sind – in ihrer Datei „inaktiv" setzen. Auch die Entscheidung gegen eine Unterstützung ist zu respektieren. Aber möglicherweise ist eine neue Lebenssituation des Angesprochenen (höheres Alter oder Einkommen, persönliche Betroffenheit) ja später ein Anlaß für einen neuen Kontakt-Versuch.

Spenderadressen finden und aufbereiten

Eine gute und aktuelle *Spenderdatei* ist das Herz einer spendensammelnden Organisation – das gilt für das Deutsche Rote Kreuz genauso wie für eine kleine Pfarrgemeinde oder einen kirchlichen Kindergarten. Denn in dieser Datei sind die Adressen der Menschen festgehalten, die der Einrichtung oder der Gemeinde in besonderer Weise nahestehen – und dies eben auch durch finanzielle Zuwendung zum Ausdruck bringen. Die Spenderdatei ist sozusagen das Verzeichnis der Freunde und Förderer eines Projekts oder einer Einrichtung – und was wäre eine kirchliche Einrichtung ohne die Menschen, die sie tragen? Nicht die Spende, sondern der Spender sollte im Mittelpunkt des Interesses stehen, das gilt auch für die Pflege der Spenderdaten.

Wie findet eine Gemeinde oder eine Einrichtung, die auf der Suche nach Spendern ist, einen Grundstock solcher Daten – etwa für ein erstes Mailing? Wie wertvoll das Wissen um die richtigen Ansprechpartner im „Spendengeschäft" ist, zeigen die Preise, die für solche Adressen auf dem freien Markt gezahlt werden. So kann man bei einer Direktmarketing-GmbH ausgewählte Adressen etwa von „Lesern christlicher Zeitschriften" mieten – insgesamt 120.000 Adressen, Mietpreis pro Tausend: 245 Mark. Ein (fiktives) Rechenbeispiel für eine Nutzung eines solchen Adressenpotentials: Die bundesweit spendensammelnde Organisation XY mietet nach einem erfolgreichen „Test" von 5000 Adressen den ganzen Pool für ein Mailing. Zu den Mietkosten von rund 30.000 Mark kommen Druck- und Portokosten von 70.000 Mark. Zwei Prozent der Angeschriebenen reagieren mit einer Spende – was viel ist. Bei durchschnittlich 50 Mark Spendenhöhe beträgt das Gesamtaufkommen 120.000 Mark. Der „Nettogewinn" liegt also bei 20.000 Mark – das ist natürlich im Vergleich zum Aufwand wenig. Wichtiger als dieser erste kleine Spendenerfolg ist ein zweiter Punkt: Durch den Spendenbrief hat die Organisation aus den 120.000 „kalten" Adressen 2.400 „heiße" Adressen (nämlich der tatsächlichen Spender) herausgefiltert. Diese kann sie beim nächsten Mal mit einem viel geringeren Kostenaufwand anschreiben (nur noch 2400 Briefe) – und wird ein viel höheres Spendennettoaufkommen erzielen.

So arbeiten im Prinzip die „Großen". Wie aber können die „Kleinen", die nicht das Budget haben, 30.000 Mark in Adressen zu investieren, ihre Spenderdatei füllen? Eine einfache, effektive und preisgünstige Lösung: Nutzen Sie die Adressen und Kontakte, die Sie bereits haben. Für Kirchengemeinden ist das erst einmal die *Gemeindemitgliederdatei.* Die kirchlichen Rechenzentren stellen diese Dateien im Rahmen der Datenschutzbestimmungen auf Disketten oder online für die Pfarr- und Kirchengemeinden bereit – anhand dieser Aufstellungen ersehen die Gemeinden beispielsweise, wer wann Geburtstag hat. Im Rahmen der Haustürsammlungen von Diakonie und Caritas werden diese Dateien als ausgedruckte Listen fast überall genutzt.

Aber mit ein wenig Know-how kann man aus diesen Daten mehr herausholen: Es ist zum Beispiel möglich, sie in einen „Serienbrief" einzubinden und etwa für eine Spendenbitte einzusetzen. Wenn Sie das in den Gemeindemitgliederdateien verzeichnete Geburtsdatum mit einer entsprechenden Abfrage verbinden, können Sie bestimmte Jahrgänge oder Altersgruppen herausfiltern. Sie binden die Daten in eine entsprechende Software ein und können weitere Merkmale ergänzen – zum Beispiel, wenn Sie den Rücklauf Ihres ersten Spendenbriefs auswerten, den Zeitpunkt und die Höhe von Spenden. So haben Sie schon bald einen Pool an „aktiven" Adressen, der Ihnen bei kommenden Aktionen einen größeren Erfolg verspricht.

Aber neben der Gemeindemitgliederdatei und einem Rücklauf aus einem Spendenaufruf gibt es im Umfeld von Kirche und Gemeinde eine Vielzahl von

Möglichkeiten, „heiße Daten" zu erheben. So ist es möglich, in Gruppen und Kreisen Teilnehmerlisten herumgehen zu lassen und so eine Übersicht der Aktiven in einer Gemeinde zu bekommen. In manchen Gemeinden gibt es Kindergärten (und damit die Adressen der Eltern), Senioreneinrichtungen, diakonische Angebote, Frauenkreise – kurz: Es sind Menschen ansprechbar, die mit bestimmten kirchlichen Angeboten (hoffentlich gute) Erfahrungen gemacht haben und wahrscheinlich für eine gut begründete Spendenbitte nicht ganz unempfänglich sein werden. In Hinblick auf „Daten" lohnt es sich übrigens, auch auf Dekanats-, Kirchenkreis- oder Bistumsebene einmal anzuklopfen: In den regionalen kirchlichen Bildungseinrichtungen etwa sind meist umfangreiche EDV-verwaltete Teilnehmerlisten vorhanden, die im Rahmen der Datenschutzbestimmungen oft auch von einer Ortsgemeinde oder karitativen Einrichtungen genutzt werden können.

Eine weitere interessante Gruppe ergibt sich aus den *Teilnehmerinnen und Teilnehmern an Gemeindeleitungswahlen*, die in Wählerlisten erfaßt sind. Man kann davon ausgehen, daß sie ein besonderes Interesse an kirchlichen Themen haben und möglicherweise auch bereit sind, ein gutes Projekt mit Zeit oder Geld zu unterstützen.

Auch die *Gruppe der Ausgetretenen* kann für eine finanzielle Unterstützung gut sein. Denn nicht immer ist der Austritt gleichbedeutend mit einer grundsätzlichen Abkehr von der Kirche. Oft sind Ausgetretene lediglich nicht mehr bereit, die Kirche als Institution insgesamt zu finanzieren, können sich aber die Unterstützung eines konkreten, nachvollziehbaren und begrenzten Projekts vorstellen. Andere treten aus, weil sie etwa durch den Bau eines Hauses ohnehin schon hoch belastet sind, stehen aber zu einem späteren Zeitpunkt finanziell wieder besser da. In jedem Fall kommt es darauf an, eine Spendenbitte sensibel zu formulieren und die Gründe für den Austritt dabei zu akzeptieren. Und wenn die Angeschriebenen zu einem früheren Zeitpunkt schon einmal etwas von ihrer Gemeinde gehört haben (etwa eine freundlich formulierte Nachfrage, welche Gründe sie zum Austritt bewegt haben), kann man bei der Spendenbitte an diesen Kontakt anknüpfen.

Eine wichtige Gruppe sind auch alle diejenigen, die über *Amtshandlungen* in letzter Zeit mit der Gemeinde Kontakt hatten. Denn auch bei ihnen darf man an positive Erfahrungen mit der Kirche anknüpfen. Viele Gemeinden halten etwa zu Eltern von Taufkindern ohnehin weiter Kontakt, zum Beispiel über Taufelternseminare. Diese Gemeindemitglieder sind auch für andere Arbeitsfelder ansprechbar und wollen sie vielleicht mit Zeit oder Geld fördern.

In einer guten Gemeindemitgliederdatei sind solche Daten festgehalten. Grundsätzlich gilt: Je mehr Sie über diejenigen wissen, die Sie ansprechen wollen, umso größer die Wahrscheinlichkeit, daß Sie in Ihrem Spendenbrief den richtigen Ton treffen und mit Ihrer Bitte um Unterstützung auch Erfolg haben. Das spart nicht nur Zeit, sondern auch Kosten. Neben einer „Notiz" über Berührungspunkte der Gemeindemitglieder mit ihrer Gemeinde (Kasualien, Wahlen, Gruppenteilnahme) können Sie weitere Informationen wie Alter, Geschlecht, Beruf und Ausbildung in Ihre Spenderdatei aufnehmen.

Eine solche Übersicht ist nicht nur für Spendenbriefe einsetzbar, sondern bildet auch eine wertvolle Hilfe für die Gewinnung Ehrenamtlicher. Sie können – wenn Sie etwa für den Betreuungsverein Ihrer Gemeinde neue Mitarbeiter suchen – alle nicht mehr berufstätigen Männer zwischen 50 und 65 heraussuchen und anschreiben. Selbstverständlich dürfen Sie solche Daten nur selbst verwenden und nicht an Dritte weitergeben.

Um die Verwaltung einer solchen Datei zu erleichtern, ist die Auswahl einer geeigneten Software von Bedeutung. Für das Handling von Spenderdaten gibt es inzwischen besondere Programme, zum Beispiel „Charity". Ein solches Programm ermöglicht eine sehr differenzierte Spenderverwaltung, die alle Aspekte vom Nachweis der Spendenhöhe und des -zwecks bis zum automatischen Erstellen von Dankesbriefen ermöglicht. Ein solches Programm ist allerdings teuer. Eine akzeptable Handhabung einer überschaubaren Datenmenge ist dagegen auch schon mit Excel oder sogar einer einfachen Tabelle unter Word für Windows zu erreichen. Mit der Serienbrieffunktion ist es möglich, zum Beispiel alle Kindergarteneltern auszuwählen und anzuschreiben oder alle Männer der Jahrgänge 1932 bis 1947 herauszufiltern – wenn Sie entsprechende Informationen vorher in Ihre Spenderdatei aufgenommen habe.

Spendenwerbung durch Mailing: einen Brief richtig aufbauen

Wenn der so von Ihnen angeschriebene potentielle Spender einen Spendenbrief in der Hand hält, entscheidet sich sehr schnell, ob er oder sie den Brief öffnet, liest und dann auch noch mit der gewünschten Spende reagiert – oder ob der Brief sofort im Papierkorb landet: drei entscheidende Schwellen, die Sie mit der Gestaltung Ihres Briefs überwinden müssen. Wenn Sie folgende Punkte beachten, erhöhen Sie die Chance Ihrer Spendenbitte erheblich:

■ Der *Umschlag* erlaubt dem Angeschriebenen eine erste Einschätzung, wie persönlich der Brief ist. Alles, was nach „Werbung" aussieht, landet in den meisten Fällen sofort im Papierkorb. Eine *handgeschriebene Adresse* erhöht die Chance, daß der Adressat den Brief auch öffnet – möglich natürlich nur bei kleinen Auflagen. Auch die *Sondermarke* anstelle eines Freistempels aus der Maschine ist ein Pluspunkt. Ein *„Blickfang"* auf dem Umschlag (ein bekanntes Logo; ein packendes Bild-Motiv; ein Slogan, der zum Nachdenken anregt) erhöht die Aufmerksamkeit, die der Angeschriebene dem Brief schenkt: Vielleicht gibt es aus dem Kontext Ihrer Gemeinde oder Einrichtung ein solches Motiv, das als Aufkleber verfügbar ist?

■ Die *Länge* des Spendenbriefes: Sie wollen den Leser ausreichend informieren, ohne ihn zu überfordern – das heißt zwei Seiten sind ein guter Richtwert (eineinhalbzeilig geschrieben und maximal 60 Anschläge pro Zeile) Viel Luft lassen, der Brief soll auch optisch einladend wirken!

■ *Anrede:* Wenn Sie mit Fensterumschlägen arbeiten (was zeitsparend ist), steht die individuelle Adresse im Kopf des Briefes. Darüber hinaus reden Sie den Leser oder die Leserin im Brief persönlich an: „Sehr geehrte Frau Müller" oder „Lieber

Herr Maier". Das ist ansprechender, als wenn Sie ganz allgemein an die „lieben Leser" schreiben. Allerdings sollten Sie sich von Fall zu Fall fragen, ob die persönliche Anrede auch „glaubwürdig" ist: Wenn Sie Herrn Maier im Brief persönlich ansprechen, ihn aber morgen auf der Straße nicht grüßen, weil Sie ihn nicht kennen (er aber Sie), wirkt das natürlich unaufmerksam.

■ *Überschrift:* Wo im Geschäftsbrief das „Betreff" steht, steht im Spendenbrief die Überschrift. Grund: Diese Stelle ist besonders exponiert und bietet eine Chance, den Leser zum Weiterlesen zu motivieren. Hauptkriterium für die Überschrift: Sie sollte - ähnlich wie in der Zeitung - Neugierde wecken. Die Überschrift „Spenden gesucht" wird das stets drohende Ende des Spendenbriefs im Papierkorb kaum verzögern. „Erleben Sie einen Glockenguß live!" eignet sich als Headline für Ihr Projekt - etwa die neuen Kirchenglocken - schon eher.

■ Der *Briefeinstieg* ist ebenfalls wichtig. Der erste Satz sollte überraschen, fesseln, Betroffenheit schaffen, neugierig auf die weitere Lektüre machen und gleichzeitig auf das Thema hinlenken.

■ *Foto:* Ihr Spendenbrief ist der Versuch, mit dem Leser in einen Dialog zu treten, um Vertrauen zu werben, ihm eine „gute Sache" so zu schildern, daß er sie zu seiner Sache macht. Dieses Unternehmen ist eine Frage der Information und - mehr noch - der Glaubwürdigkeit. Wenn Sie sich als Absender nicht nur mit Ihrem Namen, sondern auch mit Ihrem Gesicht für Ihr Projekt verbürgen, erhöhen Sie die Chancen des Briefes. Das hat überhaupt nichts mit Eitelkeit zu tun, sondern dokumentiert, daß Sie als Person authentisch zu dem stehen, wofür Sie sich im Wort einsetzen. Also: Nehmen Sie ein sympathisches Portraitbild und stellen Sie es als Raster oder Scan über oder neben Ihren Text (nicht zu groß, aber auch nicht als Briefmarke - circa 4 mal 6 Zentimeter).

Sie können selbstverständlich auch ein Bild oder mehrere aus dem Zusammenhang des Spendenprojekts einsetzen. Dann beachten Sie dabei aber, daß es Bilder sein sollten, die den Leser positiv auf Ihr Anliegen einstimmen und nicht etwa abschrecken.

■ Damit stellt sich auch noch einmal die Frage nach dem *Absender.* Es sollte im Spendenbrief der ranghöchste Vertreter einer Einrichtung als Absender auftreten, um dem Leser oder der Leserin deutlich zu machen: „Diese Sache hat auch für uns selber höchste Priorität". Konkret: Wenn der Bischof um Spenden für den sanierungsbedürftigen Dom wirbt, hat dies einen anderen Stellenwert, als wenn der Leiter der Bauabteilung im Spendenbrief als Bittsteller auftritt.

■ *„Testimonials":* Ein Testimonial ist ein persönliches Bekenntnis. Wenn Sie für Ihre gute Sache einen „Prominenten" gewinnen, der sich persönlich zu Ihrem Projekt „bekennt", ist das unter Umständen ein Gewinn für Ihren Spendenbrief. Das muß nicht Sabine Christiansen sein, die für die Welthungerhilfe wirbt - das kann auch der Bürgermeister oder ein prominenter Lokalsportler sein, der für Ihre Suchtberatungsstelle sein Gesicht hergibt. Das Testimonial - über Ihrem Spendenbrief - könnte dann aus einem Bild des oder der Prominenten sowie einem Zitat bestehen, etwa: „Ich unterstütze die Suchtberatung, weil ich nicht will, daß noch mehr Kinder von Ecstasy abhängig werden." Oder Sie lassen einen „Betroffenen" sprechen: Jemanden, dem Ihr Spendenprojekt zugute kommt, oder der schon einmal von Ihrer Hilfe profitiert hat. Das schafft eine hohe Identifikationsmöglichkeit des Angeschriebenen mit dem Projekt, für das Sie um Spenden werben. Der Prominente oder Betroffene kann mit einem „Statement" (Bild und Zitat) im Spendenbrief vertreten sein – oder auch ganz als Absender auftreten.

■ *„P.S.":* Das Postscriptum ist eine zentrale und vielbeachtete Stelle, ähnlich wie die Überschrift. In das „P.S." gehört eine Aussage, die noch einmal motiviert, eine Zusammenfassung, ein verbales Ausrufezeichen.

■ *Stil und Inhalt des Anschreibens:* Verwenden Sie kurze Sätze, vermeiden Sie Fremdwörter, schreiben Sie farbig – das erhöht die Lesbarkeit. Schildern Sie, wenn es geht, eine Geschichte, anstatt ein „Konzept" aufs Papier zu bringen. Reden Sie von Menschen, nicht von Strukturen. Machen Sie transparent, warum Ihr Anliegen für Menschen wichtig ist und warum Sie sich als Mensch dafür einsetzen. Bieten Sie nicht nur Probleme, sondern vor allem Lösungen an. Spender wollen nicht in ihrem Ohnmachtsgefühl verstärkt werden, sondern das Bewußtsein haben, mit ihrer Spende etwas gegen diese allgegenwärtige Ohnmacht zu tun. Wenn Sie ein Hilfsangebot machen: Illustrieren Sie ein Einzelschicksal als Beispiel – das ist nachvollziehbarer, als wenn Sie über eine ganze Gruppe von Betroffenen schreiben. Denn das löst schnell das Gefühl aus, das Problem sei zu groß, um wirksame Hilfe leisten zu können.

■ Weisen Sie darauf hin, daß eine Spendenbescheinigung automatisch zugestellt wird, aber rücken Sie das nicht zuweit nach vorne – darauf kommt es den Spendern nicht primär an.

■ Stichwort *„Spendenhöhe":* Schildern Sie auch, warum Ihr Anliegen – obwohl es doch so wichtig ist – nicht durch Zuschüsse aus offiziellen Quellen finanziert werden kann, oder, warum trotz solcher Zuschüsse ein Finanzloch bleibt. Nennen Sie Zahlen – aber natürlich nur im Überblick. Benennen Sie klar Ihren Bedarf. Und nennen sie Ihre Vorstellung von der Spendenhöhe, das erleichtert dem Leser die Orientierung. Und: Sagen Sie dazu, was man für diese Spende bekommt („Für 200 Mark kann man einen Brunnen bohren, für 100 Mark eine gebrauchte Pumpe beschaffen ...").

■ Welche Anlagen gehören in den Spendenbrief? Eine gut gemachte *Broschüre* über Ihr Spendenprojekt kann Ihr Anliegen veranschaulichen. Sie sollte professionell aussehen (sonst hält man Ihr Projekt für nicht überzeugend), aber darf nicht zu teuer wirken. Man kann auch einen aktuellen *Zeitungsbericht* photokopieren und beifügen, um zu unterstreichen, daß das Anliegen öffentliche Wahrnehmung findet. Sie sollten sich auch bei solchen Zusatzinformationen immer die Frage stellen: Lädt sie den Leser ein, sich mit dem Projekt zu identifizieren?

■ Überlegen können Sie auch, ob Sie nicht ein kleines *Geschenk* beilegen: Irgendetwas, was der Angeschriebene vielleicht aufhebt und was ihn an Ihren Brief erinnert. Eine kleine Aufmerksamkeit, die Ihr Interesse an den angeschriebenen Menschen unterstreicht. Aber es versteht sich von selbst, daß ein solches Geschenk nicht den Eindruck erwecken darf, dafür würden Spendengelder ausgegeben. Ein kleines, von der spendensammelnden Einrichtung angefertigtes Präsent kann jedoch einen Erinnerungswert darstellen. Beispiele: ein Lesezeichen, eine Schmuckpostkarte, ein Aufkleber, ein Foto, ein Tütchen mit Samen. Ein solches Geschenk (das man durch den Umschlag vielleicht schon spüren kann) ist auch ein Anreiz, den Brief überhaupt zu öffnen. Mit einer kleinen Aufmerksamkeit können Sie auch die bedenken, die dann tatsächlich gespendet haben – etwa durch eine Urkunde, einen kleinen Kalender, eine Einladung zu einem Fest.

■ Die *Antwort-Möglichkeit* ist ein zentraler Bestandteil jeder Direct-Mailing-Aktion. Ihre Wunschantwort – die Spende – erleichtern Sie, indem Sie einen personalisierten Zahlschein beilegen. Es ist für potentielle Spender leichter, einen Betrag und die fehlenden persönlichen Daten in einen fertigen Zahlschein einzusetzen, als einen eigenen Überweisungsträger komplett auszufüllen. Zu oft bleibt es dann beim guten Vorsatz, der ein paar Tage später wieder vergessen ist.

Aber es gibt weitere Antwort-Möglichkeiten, und Sie sollten diese auch anbieten. Denn Sie wollen ja nicht nur die einmalige Spende, sondern eine längerfristige Bindung des Spenders an das Projekt. Möglichkeiten: Man kann eine Info-Schrift bestellen, sich zu einem Seminar anmelden, an einer Verlosung teilnehmen oder einen Gutschein einlösen. Oder Sie bitten die Angeschriebenen, sich nicht nur mit einer Spende zu engagieren, sondern mit einer Postkarte an die Regierung Stellung zu nehmen oder in anderer Weise aktiv zu werden. Sie können den Angeschriebenen auch um seine Meinung zu einem Thema bitten. Sie machen den potentiellen Spendern und Spenderinnen damit deutlich, daß es Ihnen nicht nur ums Geld geht – und bekommen möglicherweise ein interessantes Feedback zu Ihrem Anliegen.

■ Die Gestaltung des Briefes sollte der Erkenntnis Rechnung tragen, daß die Leser in wenigen Sekunden entscheiden, ob sie den Brief lesen oder nicht. Die ersten Blicke folgen einer bestimmten „Lesekurve“: Sie nehmen graphische Elemente wahr, die Anrede und die Überschrift, den Absender und das P.S. Erst dann richten sie sich auf den Brieftext selber. Dabei können Sie den Leseanreiz erhöhen, wenn Sie Schlüsselbegriffe fett drucken oder unterstreichen. Diese Schlüsselwörter oder -sätze sollen positiv besetzt sein und den Leser so zur Lektüre motivieren: nicht „Katastrophe“ und „Bedrohung“, sondern „Hilfe zum Leben“ und „Chance“.

Ein letzter Hinweis: Es ist von Vorteil, eine Spendenbrief-Aktion in ein Gesamtkonzept einzubinden, das auch Elemente persönlicher Ansprache beinhaltet. Ein solches Konzept hat beispielsweise Günter A. Menne, Leiter des Amts für Presse und Öffentlichkeitsarbeit des Evangelischen Stadtkirchenverbands Köln, für die Kölner Gemeinden vorgelegt. Darin schlägt er vor, mit einem Baukastensystem medialer und persönlicher Kommunikations-Elemente die jährliche Diakoniespenden-Bitte des Stadtsuperintendenten (in Form eines Spendenbriefs an alle Haushalte) effektiver zu gestalten.

Bausteine dieses Konzepts sind:

- die bewußte Auswertung der Diakonie-Spenden der letzten Jahren (die Spenderdateien enthalten wertvolle Informationen, die in der Regel nicht genutzt werden!),
- der Aufbau eines „Kontakterkreises“ aus ehrenamtlichen Mitarbeiterinnen und Mitarbeitern der Gemeinden, die eingeladen und in Kommunikationsfragen besonders qualifiziert werden,
- die Kontaktaufnahme zu den Spendern vergangener Jahre mit dem Ziel, ihre Identifikation mit den geförderten Projekten zu erhöhen und ihnen das Bewußtsein zu vermitteln: „Ich investiere gern in Projekte meiner Kirche“,
- die Spenderinnen und Spender mittelfristig als Multiplikatoren zur Anspache neuer Spender zu gewinnen,
- sie langfristig über den Spendenkontakt hinaus in das Gemeindeleben zu integrieren.

Begleitet werden diese Elemente von medialen Bausteinen wie einem optimierten „Diakonie-Brief“, Gemeindebriefbeilagen sowie speziellen Mailings für Spender und (Noch)-Nicht-Spender. Ingesamt erweist sich bei diesem Programm, wie „Organisationsentwicklung“ der Kirche und Fundraising-Maßnahmen sich gegenseitig befruchten können – ein Gewinn, der über den finanziellen Zugewinn an Spenden weit hinaus geht.

Checkliste Spendenbrief

- Reizt der Umschlag zum Öffnen?
- Hat der Brief die richtige Länge?
- Ist die Anrede persönlich?
- Macht die Überschrift neugierig?
- Zeigen Sie als Absender Gesicht (Photo)?
- Haben Sie deutlich gesagt, wer Sie sind und woran Sie arbeiten (evtl. Broschüre beifügen)?
- Ist der Briefeinstieg farbig?
- Haben Sie die richtige Tonalität für Ihre Zielgruppe gewählt?
- Ermöglicht Ihr Spendenaufruf „emotionale Identifikation“?
- Haben Sie deutlich den „Gewinn“ für den Spender formuliert?
- Haben Sie für die Spendenhöhe einen Leitbetrag genannt?
- Steht im P.S. eine zentrale und appelative Botschaft?
- Können Sie eine kleine „Aufmerksamkeit“ beifügen?
- Gibt es eine Antwort-Möglichkeit?
- Liegt ein Überweisungsträger bei?
- Ist der Brief der richtige Kommunikationsweg (oder wäre eine Anruf, ein Gespräch angemessener)?

Der persönliche Spendenbrief

Eine Alternative zum EDV-unterstützten Spendenbrief an eine größere Gruppe ist es, einzelne Menschen persönlich anzuschreiben und um eine Spende zu bitten. Gerade für Pfarrerinnen und Pfarrer, die ja einen sehr guten Überblick über ihre Gemeinde haben, ist dies eine vielversprechende Methode. Ein Beispiel: Der evangelischen Kirchengemeinde Wiesloch fehlten beim Umbau des Gemeindehauses noch 28.000 Mark. Pfarrer Gerhard Engelsberger wußte sich nicht anders zu helfen, als um Spenden zu bitten – die Arbeiten hätten sonst gestoppt werden müssen. Er schrieb nun aber keinen allgemeinen Spendenaufruf, sondern verfaßte ein persönliches Anschreiben an genau 13 Gemeindemitglieder, von denen er wußte, daß sie für je 1.000 Mark Spende „gut" waren, und bat ein Dutzend weiterer Menschen um den halben Betrag.

In dem Schreiben schildert er die Situation, sagt ganz offen, daß es ihm „peinlich" ist, „betteln zu gehen", und bittet um eine Spende von 1.000 Mark. Er sagt, daß er genau 13 Menschen angeschrieben hat („mehr sind mir nicht eingefallen bei diesem Betrag"), und daß niemand von diesem Schreiben weiß. So macht er jedem Angeschriebenen deutlich, daß er einerseits ganz bewußt mit ihm und ihr rechnet, läßt den Spendern aber ausdrücklich die Freiheit, nein zu sagen: „Ich kenne persönliche finanzielle Engpässe. Ich verstehe, wenn Sie jetzt sagen: Es geht im Augenblick nicht." – Es ging dann doch: Fast alle haben in der gewünschten Höhe gespendet, manche erheblich mehr. Dieses Beispiel dokumentiert noch einmal besonders treffend, daß Fundraising „Beziehungsarbeit" ist. Die um eine so hohe Spende Angegangenen hätten sicherlich nicht positiv reagiert, wenn sie den Pfarrer nicht vorher gekannt und mit ihm gute Erfahrungen gemacht hätten.

Persönliche Spendenbriefe sind unter professionellen Fundraisern ein wichtiges Instrument. Neben dem Aufschließen neuer Spendergruppen und größeren Mailings ist die „Pflege" der Dauerspender – zumal wenn sie gleichzeitig viel geben – ein wichtiger Baustein. Gute Fundraiser verfassen jeden Tag mehrere persönliche Spendenbriefe – handschriftlich. Für Pastor Lothar Schulz, Fundraiser der Evangelischen Stiftung Alsterdorf in Hamburg, geht diese Spenderpflege sogar noch weiter: Wichtigen Unterstützern seiner Einrichtung schreibt er auch gerne aus dem Urlaub eine Karte – gemäß seinem Motto: Fundraising heißt Freunde gewinnen, und der Fundraiser ist zuallererst ein Philanthrop, ein Menschenfreund.[16]

• *Spendenwerbung am Telefon*

Ein relativ neues Instrument des Fundraising ist die Ansprache von Spendern am Telefon. Rechtlich sind dem enge Grenzen gesetzt: Angerufen werden darf nur, wer dazu sein Einverständnis gegeben hat, beziehungsweise wer von sich aus mit der Einrichtung in Kontakt getreten ist. Diese Regelung erlaubt es allerdings, Spender, die einmal etwas gegeben und dann länger nichts mehr von sich haben

16 Im Rahmen eines Vortrags bei der Jahrestagung des Gemeinschaftswerks der Evangelischen Publizistik (GEP) 1996 in Hofgeismar zum Thema „Fundraising".

hören lassen, telefonisch zu kontaktieren. Professionelle Agenturen „reaktivieren" Spender auf diesem Weg mit großem Erfolg.

Selbstverständlich ist es möglich, daß auch kleinere Einrichtungen von dieser Möglichkeit Gebrauch machen. Zur Vorbereitung auf ein solches Telefongespräch sollten Sie sich ein „Skript " anfertigen, auf dem festgehalten ist, was Sie loswerden wollen. Sagen Sie, für welche Einrichtung Sie sprechen, wie Sie heißen, und daß Sie Ihr Gegenüber am Telefon deswegen anrufen, weil er vor längerer Zeit (Zeitpunkt nennen) ein Spendenprojekt unterstützt hat. Dann schildern Sie ganz kurz (!), daß dieses Projekt erfolgreich verlaufen ist (was er oder sie vielleicht schon aus einem schriftlichen Dank Ihrerseits weiß) und danken noch einmal für die Unterstützung. Ebenso kurz skizzieren Sie, daß Sie sich aufgrund des Erfolgs nun nach einiger Zeit an ein neues Projekt gewagt haben (oder nun auf eine neue dringende Notlage reagieren), wofür Sie nun noch einmal Mittel brauchen. Fragen Sie, ob Sie dem Angesprochenen eine kurze Projektbeschreibung zuschicken dürfen, der er nähere Einzelheiten entnehmen kann. Und bitten Sie ihn darum zu prüfen, ob er dieses Projekt noch einmal unterstützen kann.

In den meisten Fällen wird der Angesprochene nicht nein sagen, und wenn Sie im – am selben Tag abgeschickten – Spendenbrief auf das Telefonat bezug nehmen, haben Sie gute Chancen, daß Ihr Gesprächspartner den Zahlschein auch ausfüllt. Denn der telefonische Kontakt erzeugt einen wesentlich höheren Grad an Verbindlichkeit, als ein Brief allein es könnte.

Im übrigen kommt es darauf an, daß Sie sich am Telefon auf Ihren Gesprächspartner einstellen können und ein Gefühl dafür entwickeln, ob Sie in einem störenden Moment anrufen, oder ob Ihr Gegenüber im Gegenteil mehr über den Spendenzweck wissen möchte. Eine günstige Ansprechzeit ist bei uns der frühe Abend, etwa von 17 bis 19 Uhr. Bei nicht Berufstätigen kommt natürlich auch ein früherer Zeitpunkt infrage, und bei jüngeren Zielgruppen kann man noch etwas später anrufen. Einstellen sollte man sich übrigens darauf, häufig auf Anrufbeantworter zu stoßen.

• *Haus- und Straßensammlungen*

Die großen Hilfswerke der Kirchen, Caritas und Diakonie, führen zweimal im Jahr Haustürsammlungen durch. Bei diesen Sammlungen kommen regelmäßig hohe Millionenbeträge zusammen, die kirchlichen Einrichtungen und Projekten zufließen. Die Sammlungen werden von ehrenamtlichen Gemeindemitgliedern durchgeführt, die einkommenden Beträge zwischen den lokalen und überregionalen Trägern der Caritas beziehungsweise Diakonie nach einem bestimmten Schlüssel aufgeteilt.

Wo Gemeinden von der Praxis der Haustürsammlung abweichen und – etwa aus Mangel an ehrenamtlichen Sammlern – auf Überweisungsträger ausweichen, die dem Gemeindebrief beigelegt werden, geht das Spendenaufkommen regelmäßig rapide zurück. Das zeigt, daß der persönliche Kontakt des Spendensammlers zu den Spendern an der Haustür unschätzbare Vorteile gegenüber anderen Formen der Spendeneinwerbung hat.

Die Sammlungen von Diakonie und Caritas werden von den staatlichen Stellen - in der Regel den Innenministerien - genehmigt. Die Sammlerinnen und Sammler müssen einen Ausweis mitführen, der den Namen des Veranstalters, die Art der Sammlung und den Zeitraum nennt. Haustürsammlungen werden anhand numerierter Sammlungslisten durchgeführt, die von der zuständigen Kirchenbehörde gesiegelt werden und in die die Beträge einzutragen sind. Ob die Spenderinnen und Spender auch Namen und Adressen in die Listen eintragen wollen oder einer Eintragung durch den Sammler zustimmen, ist ihnen selber überlassen - sie können es aus datenschutzrechtlichen Gründen ablehnen. Zu beachten ist noch, daß Kinder unter 14 Jahren als Sammler nicht eingesetzt werden dürfen, Jugendliche zwischen 14 und 18 nur zu zweit und unter bestimmten Auflagen. In öffentlichen Bereichen wie Gaststätten und Bahnhof darf nur mit Genehmigung der Betreiber gesammelt werden.

Natürlich ist es möglich, daß auch lokale kirchliche Organisationen - mit entsprechender Genehmigung der kommunalen Stellen - solche Haustür-Sammlungen durchführen. Allerdings ist dabei sorgfältig abzuwägen, ob eine Erhöhung der Frequenz - zweimal im Jahr sammelt „die Kirche" ja schon - der Sache insgesamt nicht eher schadet als nutzt. Möglicherweise ist es besser, sich an eine schon bestehende Sammlung (Caritas, Diakonie) anzuschließen und dafür an dem Erlös teilzuhaben.

Ehrenamtliche, die sich dazu entschließen, eine Haustürsammlung selber zu unterstützen, sind für einige gute Tips dankbar. Denn Sammeln an der Haustür ist nicht jedermanns Sache. Der großen Chance - im direkten Gesprächskontakt mit Menschen für einen guten Zweck zu werben - steht ja ein Risiko gegenüber: das Scheitern dieses Kontakts und der daraus folgende Frust. Wer läßt sich schon gerne die Tür vor der Nase zuschlagen? Um den Ehrenamtlichen Hilfestellungen zu geben und sie zu stärken, veröffentlichen die Werke von Diakonie und Caritas Hinweise für Sammlerinnen und Sammler. Einige Tips, die das Diakonische Werk im Rheinland gibt:[17]

Verstecken Sie sich nicht, wenn Sie durch die Häuser gehen. Stellen Sie sich so vor die Wohnungstür, daß man Sie vor und nach dem Öffnen der Tür gut sehen kann. Durch Spione, die in viele Wohnungstüren eingebaut sind, oder durch ein Fenster muß man sehen können, wer da klingelt.

17 Diakonisches Werk der Evangelischen Kirche im Rheinland e.V.: Tips. Informationen für Helfer und Sammler. Düsseldorf (ohne Jahresangabe).
Bestelladresse: Diakonisches Werk der Evangelischen Kirche im Rheinland e.V., Lenaustr. 41, 40470 Düsseldorf, Tel.: 0211/6398-1, Fax: 0211/6398-299.

Verlegenes und schüchternes Auftreten erweckt bei vielen Menschen den Eindruck, daß etwas nicht ganz in Ordnung ist. Reden Sie deshalb klar und deutlich. Halten Sie Ihren Sammlerausweis bereit, damit Sie ihn vorzeigen können, wenn Sie danach gefragt werden.

An den Haus- und Wohnungstüren kommt es häufig zu kürzeren Gesprächen. Sagen Sie, daß Sie im Auftrag der Evangelischen Gemeinde unterwegs sind und um eine Spende für die Arbeit der Diakonie bitten. Antworten Sie bitte freundlich und offen auf alle Fragen.

Sie sollten wissen, für wen und für was Sie sammeln. Auch über den Verwendungszweck der jeweiligen Spenden sollten Sie etwas sagen können. Informationen dazu sind im Sammlungsfaltblatt zu finden, das für die Spender bestimmt ist. Vor Beginn der Sammlung finden in der Regel vorbereitende Gespräche statt. Nutzen Sie die Gelegenheit, etwas über die örtliche Verwendung des Geldes zu erfahren.

Niemand kann von Ihnen verlangen, daß Sie auf alle Fragen eine Antwort wissen. Guter Wille und Engagement werden aber von den meisten geachtet. Wenn Sie nicht weiter wissen und das Sammlungsfaltblatt keine Antwort geben kann, verweisen Sie den Frager an Ihren Pfarrer oder an das Diakonische Werk. Es ist deshalb günstig, Anschriften und Telefonnummern für solche Fälle zur Hand zu haben (...).

Gespräche sollten nicht zu lange dauern. Bieten Sie einen weiteren Besuch an. Sie entlasten damit in den meisten Fällen Ihren Gesprächspartner und geben ihm Zeit. Versprochene Besuche müssen allerdings auch gemacht werden.

Wie immer es Ihnen an der Tür ergangen sein mag, ob Sie eine Spende bekommen haben oder nicht: Bedanken Sie sich bitte.

Vor jeder Sammlung drucken Diakonisches Werk und Caritas ein kleines Faltblatt, das in anschaulicher Weise über die Verwendung der Gelder Auskunft gibt. Dieses Faltblatt dient den Sammlern einerseits als Hilfe, wenn an der Haustür Fragen in bezug auf den Spendenzweck aufkommen. An vielen Stellen wird es aber auch vorab in die Briefkästen geworfen, so daß die Angesprochenen bereits „vorgewarnt" und über den Spendenzweck informiert sind, sofern Sie das Blatt zur Kenntnis genommen haben. Im übrigen ist es schön, wenn sich die Sammler mit einem kleinen „Geschenk" für die Spende bedanken können.

Wichtig ist für die ehrenamtlichen Sammlerinnen und Sammler, daß sie sich mit ihren Erlebnissen an der Haustür nicht allein gelassen fühlen. Es liegt in der Verantwortung der Gemeinden, der lokalen Caritas-Verbände und der Diakonischen Werke, hier eine Austauschmöglichkeit zu schaffen. Die ehrenamtlichen Mitarbeiterinnen und Mitarbeiter können vor der Sammlung zu einem Termin eingeladen werden, der der Information dient und Hinweise im oben genannten Sinne gibt. Nach der Sammlung gilt ein zweites Treffen dem Austausch über das Erlebte, dem "Dampf-Ablassen" über schwierige Begegnungen und dem Dank an die Sammlerinnen und Sammler für deren Engagement. Denn nicht nur die

„Abgeschrieben - nicht bei uns" - mit diesem Faltblatt haben beispielsweise Diakonie und Caritas bei ihrer Sommersammlung 1995 die Spender über die Verwendung der Gelder informiert.

Menschen an der Haustür spenden, sondern vor allem die Sammler selbst, die ihre wertvolle Zeit kostenlos zur Verfügung stellen!

Pfarren und Gemeinden, die Schwierigkeiten haben, für diese Haustür-Sammlungen noch ehrenamtliche Mitarbeiter zu finden, sollten sorgfältig bedenken, welche Folgen ein Einstellen der Sammlung hat. Denn es geht ja nicht nur um das Geld, das bei der Sammlung hereinkommt, sondern auch um den persönlichen Kontakt zwischen einem besuchenden und einem besuchten Gemeindemitglied. Wie oft bekommen „Randsiedler" ihrer Gemeinde persönlichen Besuch? Was die Sammlerinnen und Sammler dort „ausstrahlen", strahlt in ihre Gemeinde zurück, und das ist eine Chance, die man nicht ohne Not vergeben sollte. Im übrigen - auch darum ist ein Nachtreffen sinnvoll - bekommen die Sammler meistens viel „Feedback" über die Kirche und die Gemeinde vor Ort zu hören, was auch für Pfarrerinnen, Pfarrer und Kirchengemeinderäte interessant zu hören ist ...

Straßensammlungen:

Eine Ergänzung zur Haustürsammlung ist die Straßensammlung in der Fußgängerzone. Die Passanten werden dabei von Sammlerinnen und Sammlern mit Spendenbüchsen angesprochen. Auch die Straßensammlung profitiert von den

Stärken des unmittelbaren Kontakts und des direkten Gesprächs, wenn die Situation auch „flüchtiger“ ist als an der Haustür. Der Vorteil der Straßen- gegenüber der Haustürsammlung ist die sichtbare Präsenz der Caritas, Diakonie oder Gemeinde in der Fußgängerzone, eine Möglichkeit, die durch einen Informationsstand noch deutlicher wahrgenommen werden kann. Dort besteht dann für die Passanten die Möglichkeit, ausführlicheres Informationsmaterial zu erhalten, selbst etwas zu „tun“ (etwa eine Petition zu unterschreiben), mit Mitarbeitern ins Gespräch zu kommen oder einfach eine Tasse Kaffee zu trinken.

Beim Info-Stand in der Innenstadt braucht man sich außerdem nicht die Beschränkung aufzuerlegen, maximal zweimal im Jahr zu sammeln. Im Gegenteil – je regelmäßiger Sie präsent sind, desto besser. Da macht es auch nichts, wenn sich an einem Vormittag der Dritte-Welt-Kreis der Pfarre präsentiert und zwei Wochen später die Flüchtlingshilfe – solange beide unter dem wiedererkennbaren „Markenzeichen“ der Gemeinde auftreten und so deutlich wird, daß die Initiativen verschiedene Facetten einer (eben sehr aktiven) Kirchengemeinde darstellen.

• *Geburtstags-, Jubiläums-, Hochzeits-, Kranzspenden*

Menschen haben etwas zu feiern – und sie bekommen aus diesem Anlaß Geschenke. Beispiel: Runde Geburtstage, Hochzeiten, Firmenjubiläen. Immer öfter ist es Brauch, bei diesen Anlässen auf Geschenke zu verzichten – zumal es oft schwierig ist, Geschenke zu finden, die für den, der schon alles hat, noch einen Wert darstellen – und stattdessen Geld für einen guten Zweck zu geben. Die Initiative geht dabei natürlich von dem Beschenkten aus, der formuliert, für welche Einrichtung er „anstelle von Geschenken“ um einen Geldbetrag bittet. Der kann dann mit einem Stichwort auf ein Konto überwiesen werden (wobei die Möglichkeit besteht, daß der Jubilar erfährt, wer wieviel gegeben hat) oder in einem „Umschlag“ bei der Feierlichkeit selbst übergeben werden. Die Möglichkeit, daß Spender und Spenden nachträglich einander zuzuordnen sind und die Gabe nicht „anonym“ erfolgt, erhöht naheliegenderweise die Spendenbereitschaft der Schenkenden. Außerdem gibt sie die Möglichkeit, daß der Jubilar – der ja sozusagen als „Mittelsmann“ die Spenden einsammelt – sich persönlich bei den Spenderinnen und Spendern bedankt.

Ein besonderer Anlaß, der gerne für die Entgegennahme von Spenden verwandt wird, ist die Bestattung eines Verstorbenen. Vielen Angehörigen scheint es angemessener – und oft haben die Toten dies zu Lebzeiten selber erklärt oder testamentarisch festgelegt –, anstelle vergänglichen Blumen- und Kranzschmucks für einen „guten Zweck“, etwa die Krebshilfe, zu sammeln. Auf diesen Wunsch wird dann in den Todesanzeigen hingewiesen.

Für eine spendensammelnde Einrichtung, die auf eine Spende aus Anlaß etwa eines Geburtstages oder eines Jubiläums zugehen möchte, kommt es darauf an, auf diese Möglichkeit rechtzeitig aufmerksam zu machen. Kirchengemeinden haben hier eigentlich recht gute Möglichkeiten, die aber selten genutzt werden. So wäre es durchaus denkbar, aus den Gemeindemitgliederdateien alle 59jährigen herauszusuchen und sie in geeigneter Weise auf die Möglichkeit aufmerksam zu machen, anstelle von Geschenken zum runden 60. Geburtstag für einen anerkannt wertvollen Zweck, etwa Brot für die Welt oder Misereor, zu sammeln. Sinnvoll wäre ein persönliches Anschreiben durch den Pfarrer oder die Pfarrerin. Dabei wäre ein kleines Faltblatt eine Unterstützung, das zwei oder drei Menschen aus der näheren Umgebung portraitiert, die ihrerseits schon einmal auf diese Weise ein soziales Projekt unterstützt haben. Eine solche kurze schriftliche Information – für die es den richtigen Ton zu treffen gilt – kann auch Hinweise zur technischen Abwicklung einer solchen Geburtstagsspende enthalten. Gut ist auch, wenn Sie in einem Prospekt mehrere Projekte zur Auswahl stellen (und kurz portraitieren), die sich für eine solche „Geburtstags-Sammlung" eignen könnten. Dies tut zum Beispiel die Hilfsorganisation „Missio" mit einer kleinen Broschüre unter dem Motto „Wünsch Dir was ".

Entsprechend kann man auch Spenden aus Anlaß einer Bestattung vorbereiten. Es hat nichts mit Pietätlosigkeit zu tun, wenn man die Möglichkeit einer solchen Spende anspricht – im Gegenteil, viele Angehörige sind für einen solchen Hinweis dankbar, wenn er von einer Seite erfolgt, der sie Vertrauen schenken.

Eine Variante dieser individuellen Spenden sind Spenden, die Firmen machen. Das Muster einer solchen Gabe: Anstelle von „Kundenpräsenten" zur Weihnachtszeit spendet eine Firma einen namhaften Geldbetrag für einen Zweck, von dem sie annimmt, daß auch die Kunden ihn unterstützen würden. Sie schreibt den Kunden einen Weihnachtsgruß und weist darauf hin, daß die Firma in diesem Jahr auf Geschenke verzichtet und stattdessen – zum Beispiel – 2.000 Mark für die Kindernothilfe gegeben hat. Diese Spende erfolgt natürlich nicht (nur) aus Nächstenliebe, sondern aus der Überlegung heraus, der Kunde werde dieses soziale Engagement des Unternehmens würdigen, auch wenn er selber darauf verzichten muß, (wieder einmal) einen Reisefön als Weihnachtspräsent zu erhalten. Für die Firma bringt die Spende also einen Imagegewinn, ähnlich wie beim Sponsoring.

Wer Firmen dafür gewinnen will, auf diese Weise ein Projekt zu unterstützen, muß sie aktiv ansprechen. Am leichtesten ist das im eigenen lokalen Umfeld und bei Firmen, mit denen man als Gemeinde oder Einrichtung ohnehin Geschäftskontakte hat. Sie sollten aber im Auge behalten, daß ein einseitiges finanzielles Engagement für die katholische oder die evangelische Kirche bei manchen Betrieben auf Vorbehalte stoßen wird. Im Hinblick auf solche Spendenvorhaben kann es also sinnvoll sein, wenn konfessionelle Einrichtungen sich für die Spenden-Akquise zusammenschließen, gemeinsam um Spenden werben und den Ertrag dann teilen.

Unter dem Motto „Wünsch Dir was" präsentiert das Hilfswerk Missio eine Reihe von Spendenprojekten – mit dem Appell, zum runden Geburtstag oder zur Goldenen Hochzeit zugunsten eines dieser Projekte auf Geschenke zu verzichten.

• *Kollekten*

In Messen und Gottesdiensten werden regelmäßig Kollekten für diakonische Zwecke eingesammelt. Das hängt mit dem theologischen Selbstverständnis der christlichen Gemeinden zusammen, die die „Diakonie" seit der Urkirche als konstitutionellen Bestandteil ihrer selbst betrachtet.

Zum Teil sind die Kollekten für Zwecke der eigenen Gemeinde bestimmt, zum Teil folgen sie einem Plan, der von den Landeskirchen und Bistümern vorgegeben ist und der überregionale Organisationen als Empfängerinnen benennt. In jedem Fall besteht auf verschiedenen kirchlichen Ebenen die Möglichkeit, auf die Bestimmung von gottesdienstlichen Kollekten Einfluß zu nehmen. Ansprechpartner sind die zuständigen Ortspfarrer und -pfarrerinnen. Die Sammlung in der Kirche ist in der Regel auch mit einer kurzen Darstellung des Spendenzwecks im Laufe des Gottesdienstes verbunden, was auch eine Gelegenheit zur Selbstdarstellung ist.

Eine zusätzliche Möglichkeit, Kollekten für einen gemeindeeigenen Zweck oder ein karitatives Projekt zu sammeln, besteht bei besonderen gottesdienstlichen Feiern wie Trauungen. Oft fragt das Brautpaar nach einem sinnvollen Spendenzweck für eine Sammlung am Ausgang und ist gerne bereit, diese Kollekte für eine vom Pfarrer vorgeschlagene Aufgabe zur Verfügung zu stellen.

Die Einnahmen aus Kollekten kann man deutlich steigern, wenn man die Spendenzwecke und die Höhe des Spendenaufkommens „visualisiert", das heißt optisch so aufbereitet, daß die Gottesdienstbesucher am Fortschritt der Sammlung unmittelbar Anteil nehmen können und so zu ihrer eigenen Sache machen. Die folgende Übersicht dokumentiert einige Ideen, mittels derer es der Kirchengemeinde Wiesloch gelungen ist, bis zu 26.000 Mark pro Jahr für die Sammlungen von Brot für die Welt zusammenzutragen.

Präsentation der Spendenzwecke von Brot für die Welt (Auswahl)
(Pfarrer Gerhard Engelsberger, Kirchengemeinde Wiesloch, Baden-Württemberg)
Zum Vergleich: In den Jahren zuvor – ohne Visualisierung – lag das Spendenergebnis bei 3.500 bis 5.000 Mark pro Jahr.

1996: **Frauenhaus für mißhandelte Frauen und ihre Kinder in Indien** *Präsentation:* **Bildpuzzle mit Rätsel** *Ergebnis:* **26.540 Mark**	Bild aus den Brot für die Welt-Materialien wird auf 120 mal 90 cm großes Plakat übertragen. Über dem Bild wird mit Styropor eine Gefängniszelle mit Gitterstäben angebracht, durch die schemenhaft der Kopf eines Menschen zu sehen ist. Das Styroporgitter ist in 12 Puzzleteile gegliedert, pro 1.000 Mark Spendenanteil wird ein Teil entfernt und gibt den Blick auf den Menschen in der Zelle mehr und mehr frei. Außerdem kann man (für 10 Mark Spende) raten, welcher Kopf (von 25 Personen, die auf einem Poster abgebildet sind) in der Zelle zu sehen sein wird (Preise). Zusätzlich: Anschreiben der Spender vom Vorjahr.

1994: Wasser für Äthiopien *Präsentation:* Bewässerungskanal *Ergebnis:* 20.107 Mark	Auf einem 180 mal 50 cm großem Plakat ist ein ausgetrockneter Wassergraben zu sehen. Links und rechts werden verdorrte Pflanzen aus Papier angeheftet. Pro 1.000 Mark eingegangener Spende steigt der Wasserspiegel des Kanals. Die verdorrten Pflanzen werden durch grüne ausgetauscht. Bei 10.000 Mark Spendenaufkommen ist der Graben gefüllt, alle Pflanzen sind grün.
1993: Paranußsammler in Brasilien *Präsentation:* Figur, die sich mehr und mehr aufrichtet *Ergebnis:* 18.016 Mark	Eine bewegliche Figur aus Karton, bekleidet mit Stoff- und Fellresten, kauert mit einem leeren Sack suchend auf einem Feld mit Büschen und Bäumen (Plakat im Hintergrund). Pro 1.000 Mark eingegangener Spenden richtet sich die Figur mehr und mehr auf. Bei 10.000 Mark steht sie mit voller Tasche da. Ergänzend: Jugendliche aus dem Dritte-Welt-Laden verkaufen Paranüsse mit Spendenaufschlag.
1991: Landwirtschaftliche Helfer in Indonesien *Präsentation:* Schäfer und Schafe *Ergebnis:* 14.138 Mark	Auf eine große Stellwand ist eine Weide gemalt. Ein aus Karton und Naturmaterialien gestalteter Schäfer steht ziemlich einsam in der Landschaft. Ein Schaf hat er auf dem Arm, ein zweites steht neben ihm. Pro 500 Mark eingegangener Spenden erhält er auf seiner Weide ein weiteres Schaf (gestaltet aus Karton, Fell und Wolle).
1988: Bildung und soziale Entwicklung in Nicaragua *Präsentation:* Lebensbaum *Ergebnis:* 15.020 Mark	Ein dürrer beziehungsweise nackter Baum wird als 180 mal 150 cm großes Plakat in der Kirche aufgehängt. Mit zunehmendem Spendeneingang wird der Baum mehr und mehr begrünt. Bei 3.000 Mark ist die Begrünung abgeschlossen, jetzt erhält der Baum für jeweils 250 Mark eine rote Frucht.

• *Bildung eines Fördervereins oder Förderkreises*

Fördervereine oder – wenn man keinen Verein bilden will – „Förderkreise" bieten eine Möglichkeit, Menschen als Spender und Unterstützerinnen im Umfeld einer Einrichtung langfristig einzubinden. Die Chance eines Fördervereins liegt vor allem darin, die Mitglieder regelmäßig über die Arbeit der Einrichtung zu informieren, ihre eigenen Vorstellungen von Projekten und Schwerpunkten zu erfragen und sie dafür zu gewinnen, für die Arbeit in ihrem Umfeld dann auch zu werben. Außerdem kann die Vereinssatzung vorsehen, daß der Verein der geförderten Einrichtung – etwa dem Kindergarten – neben der ideellen auch finanzielle Unterstützung gewährt, die dann zum Teil aus den Mitgliederbeiträgen zu realisieren ist.

Wenn Sie Menschen für eine Mitgliedschaft im Förderverein gewinnen wollen, stellen Sie sich zuerst die Frage, was Sie Ihnen umgekehrt an „Nutzen" bieten können. Das Gefühl, eine gute Sache zu unterstützen, ist bereits ein solcher Nutzen, aber Sie können durch verschiedene „Verstärker" den Reiz, in einen Förderverein einzutreten, erheblich erhöhen.

Was könnten die Mitglieder an Vergünstigungen bekommen?

- Sie können die Förderer einmal im Jahr zu einem „exclusiven" Abend einladen, bei dem zum Beispiel ein prominenter Gast anwesend ist.
- Sie können die Förderer mit vergünstigten oder freien Karten zu Konzerten, Kulturreisen oder anderen Veranstaltungen einladen.
- Die Förderer profitieren kostenlos vom Service Ihrer Einrichtung (Beratung, Bücherausleihe ...) und erhalten ein „Mitgliedsbuch", in dem diese Dienstleistungen genannt werden.
- Der Förderverein schaltet Anzeigen, in denen die Förderer namentlich genannt werden (Werbung für den Verein, „Image-Gewinn" für die Förderer).
- Die Namen der Förderer werden an anderer geeigneter Stelle öffentlich gemacht.
- Die Förderer werden regelmäßig zu Treffen eingeladen und erhalten „Hintergrundinformationen".
- Die Förderer werden in Entscheidungen mit einbezogen und bekommen so das Gefühl, Verantwortung für die Einrichtung zu tragen.
- Die Förderer erhalten selbstverständlich ohne Aufforderung Spendenbescheinigungen.

Versuchen Sie, die Zahl der Förderer zu erhöhen, indem Sie in der Zielgruppe Ihrer Einrichtung regelmäßig werben. Die besten Multiplikatoren sind dabei die Förderer selber: Bitten Sie Ihre bisherigen Fördermitglieder zum Beispiel, im nächsten Jahr je ein neues Fördermitglied aus dem eigenen Freundes- und Bekanntenkreis zu gewinnen!

• *Patenschaften*

Eine weitere Möglichkeit, die Identifikation von Unterstützern und unterstütztem Projekt zu erhöhen, besteht in sogenannten „Patenschaften". Die Bezeichnung suggeriert schon eine besonders fürsorgliche Verantwortung – in den meisten Fällen nicht für eine Person (obwohl es im Kontext von Entwicklungshilfe auch dieses Modell gibt), sondern für ein Projekt, eine Einrichtung, ein Gebäude, das eine starke „Identifikationswirkung" hat.

So rief eine Norderstedter Gemeinde ihre Gemeindemitglieder dazu auf, für einzelne Steine des renovierungsbedürftigen Kirchturms Patenschaften zu übernehmen. Die Turmpaten durften „ihren" Stein signieren und wurden bei Abschluß der Bauarbeiten eingeladen. Zusammen mit einer anderen Aktion kamen bei dem Patenschaftsprojekt 35.000 Mark zusammen.

Die Bitte um eine Patenschafts-Übernahme setzt allerdings noch mehr als andere Formen der Spendenwerbung voraus, daß die „Paten" ausführlich über das Projekt informiert und über Fortschritte auf dem Laufenden gehalten werden. Denn: Eine Patenschaft ist eine enge Beziehung!

• *Das „Spendenparlament"*

Eine erfolgreiche Spendenidee hat das Diakonische Werk in Hamburg mit dem „Spendenparlament" entwickelt. Der Grundgedanke ist einfach: Menschen geben regelmäßig mindestens zehn Mark im Monat für einen guten Zweck, in Hamburg für die Obdachlosenarbeit. Dafür erhalten die Spenderinnen und Spender einen Sitz im „Spendenparlament", das zweimal im Jahr zusammenkommt und bestimmt, welche Initiativen von den einkommenden Mitteln konkret profitieren.

Das Bestechende an der Idee ist die Transparenz der Spendenvergabe und die hohe Beteiligung der Spender. Zwei klassische Vorurteile gegen spendensammelnde Organisationen werden damit widerlegt: Die Mittelvergabe sei nicht kontrollierbar und schon gar nicht durch die Spender selbst zu beeinflussen. Den Hamburgerinnen und Hamburgern hat das mit viel begleitender Öffentlichkeitsarbeit initiierte Projekt jedenfalls eingeleuchtet: Über 2.000 Spender haben sich innerhalb weniger Monate dieser Initiative angeschlossen, über eine halbe Million Mark Jahresvolumen an Mitteln ließen diese Spender über ihr Parlament der Obdachlosenarbeit zugute kommen.

Allerdings hat der demokratische Grundimpuls des Spendenparlaments zur Folge, daß es sich nicht so einfach als PR-Instrument einer bestimmten Einrichtung handhaben läßt. Die evangelische Kirche in Hamburg hat das Parlament zwar initiiert, aber die Spenderinnen und Spender wählen nun selbst die leitenden Organe des Vereins und bestimmen die Verteilung der Mittel. Wenn nichtkirchliche Projekte überzeugender sind als kirchliche, werden sie finanziert. Möglicherweise stehen sie dann in Konkurrenz zu eigenen (kirchlichen) Projekten.

Wer sich mit dem Gedanken trägt, die Idee des Spendenparlaments in einen anderen Kontext oder eine andere Stadt zu übertragen, muß wissen, daß viel vorlaufende Arbeit nötig ist. Die Gewinnung von prominenten Unterstützern, die Werbung von Spendern (möglichst über die Kontakte der Kirchengemeinden), das Erstellen von Broschüren, die Einrichtung und regelmäßige Besetzung eines Info-Telefons (es kommen viele Fragen aus der Bevölkerung!), die Gewinnung und Schulung ehrenamtlicher Mitarbeiterinnen und Mitarbeiter, die Verbuchung der Spenden und Vorbereitung der Parlamentssitzungen erfordern im ersten Jahr mindestens eine volle Arbeitskraft als „Drahtzieher". Erst im Laufe mehrerer Jahre kann der Verein die Arbeit ganz aus eigener Kraft leisten – solange wird er am Tropf einer bereits funktionierenden Verwaltung und Öffentlichkeitsarbeit (etwa der Diakonie) hängen.

• *Sammeldosen zum Aufstellen*

Ein beliebter Weg, Spenden in kleinem Umfang zu sammeln, sind Sammeldosen, die man in Geschäften am Ort aufstellt, etwa in Apotheken, Buchhandlungen oder auch Lokalen. Sie sollten mit dem Logo der Einrichtung bedruckt sein, um eine „Wiederkennung " zu ermöglichen. Die Kosten belaufen sich bei einer Auflage von 100 bedruckten Dosen um die fünf Mark pro Stück, erhältlich sind sie über den Werbemittel-Fachhandel (Gelbe Seiten). Sinnvoll ist, neben einer solchen Spendendose Prospekte zur Information auszulegen, in der die Kunden des Geschäftes während des Wartens an der Kasse blättern können und die man auch mitnehmen darf. Geschäftsinhaber werden das natürlich nur erlauben, wenn sie Sie kennen – aber vielleicht ergeben sich aus einem entsprechenden Kontaktgespräch ja auch noch andere Möglichkeiten (Sachspenden für die nächste Tombola zum Beispiel). Gut ist auch, eine Dose mit der Bitte um den Einwurf von „Restdevisen " aus dem letzten Urlaub einzusetzen – Geld, von dem sich die meisten bereitwilliger trennen als von D-Mark. Solche Dosen stellt das Diakonische Werk beispielsweise auf. Diese Spendendosen müssen natürlich regelmäßig geleert werden.

• *Zeitspenden, Ehrenamtlichenbörsen, Sekundanten*

Ein Fundraising-Bereich, der lange Zeit nicht ausreichend im Blick war, ist die Gewinnung von Zeit-Ressourcen. „Time is money" – eine Weisheit, die der Kirche bisher wenig bewußt war. Erst in dem Maße, wie auch andere Non-Profit-Organisationen um die Arbeitskraft von Ehrenamtlichen buhlen, wird vielen Kirchengemeinden deutlich, welchen Schatz sie mit ihren Ehrenamtlichen haben. Wenn sie ihn noch haben, denn die Konkurrenz schläft nicht, und der seit zwei Jahrzehnten sich vollziehende „Rückzug ins Private" sowie die zunehmende Berufstätigkeit von Frauen lassen die Bereitschaft kontinuierlich sinken, sich umsonst „bei Kirchens" zu engagieren.

Im niederländischen Raum gibt es inzwischen sogenannte „Ehrenamtlichen-Zentren". Dort können Menschen, die sich neben ihrem Beruf noch in einem sinnvollen Aufgabenfeld ehrenamtlich einbringen wollen, nach einer geeigneten Initiative suchen. Umgekehrt melden dort Non-Profit-Organisationen, welchen Bedarf an ehrenamtlichen Mitarbeitern sie haben, was diese für Fähigkeiten mitbringen sollten und welcher Zeitaufwand auf sie zukommt. Potentielle Mitarbeiter und suchende Organisationen werden dann über das Zentrum zusammengeführt, und dort werden auch versicherungs- und andere rechtliche Fragen geklärt.

In Aachen gibt es einen vergleichbaren Versuch: Der Aachener Stadtjugendring hat eine „Börse für das Ehrenamt" gebildet. Jugendinitativen können sich dort auf einem Formular einen Mitarbeiter beziehungsweise eine Mitarbeiterin „wünschen", wobei sie die Aufgabe in Stundenzahl und Anforderungen spezifizieren müssen. Die Börse vermittelt dann Menschen, die ihrerseits an einer ehrenamtlichen Tätigkeit mit Kindern und Jugendlichen interessiert sind, an eine entsprechende Einrichtung.

Zu den sich verändernden gesellschaftlichen Rahmenbedingungen, die eine in engen Gemeindegrenzen organisierte Kirche bisher noch zu wenig zur Kenntnis genommen hat, gehört die zunehmende Mobilität der Menschen. Wer im Süden einer Stadt wohnt, muß dort nicht unbedingt zur Kirche gehen. Im Umkreis von 20 Autominuten sind möglicherweise sechs andere Gemeinden zu erreichen, von denen eine vielleicht vom Profil oder von den Personen her besser „paßt". Für christliche Gemeinden auf der Suche nach der Ressource „Zeit" müßte das Konsequenzen haben. Wenn in einer Gemeinde eine junge Frau gerne eine Kindergruppe für 8- bis 12jährige mitgestalten würde, es in der Gemeinde eine solche Gruppe aber nicht gibt, wie erfährt sie dann, das ihr Engagement in der Nachbargemeinde sehr willkommen wäre? Eine zentrale „Börse" für ehrenamtliche Helferinnen und Helfer im kirchlichen Bereich - vielleicht sogar konfessionsübergreifend - könnte hier vermitteln. Ähnlich wie bei den Modellen aus den Niederlanden oder aus Aachen könnten Gemeinden ihr „Mitarbeiter-Gesuch" anmelden, das eine Vermittlungsstelle dann an entsprechende potentielle Ehrenamtliche weitergibt. Auch das ist Fundraising.

Diese neuen Modelle unterstreichen, wie bewußt immer mehr Menschen mit der wertvollen Ressource Zeit umgehen. „Man gibt der Kirche den kleinen Finger, und die nimmt dann die ganze Hand" - dieses Image bekommt den Kirchen nicht gut. Insofern setzt die Suche nach ehrenamtlichen Mitarbeiterinnen und Mitarbeitern eine offene und klare Beschreibung dessen voraus, was man erwartet - darin sind die „Zeitspenden" den „Geldspenden" nicht unähnlich.

Zum guten Umgang mit „Zeitspendern" gehört zum Beispiel auch, daß man sich regelmäßig bedankt. In einigen Kirchengemeinden bekommen Mitarbeiterinnen und Mitarbeiter, die fünf, zehn oder 25 Jahre „für Gotteslohn" etwa eine Gruppe leiten, eine Urkunde überreicht - eine schöne Geste der Anerkennung, die das Verdienst greifbar macht. In manchen Kirchenkreisen gibt es Mitarbeiter-Zeitungen, in denen auch Ehrenamtliche mit Namen und Bild erwähnt werden, wenn sie beispielsweise nach vielen Jahren aus einer ehrenamtlichen Tätigkeit ausscheiden. „Kommunikation nach innen" - ein wichtiges Feld der Organisationsentwicklung, in deren Kontext auch Fundraising-Initiativen angesiedelt sind.

Eine besondere Form des Umgangs mit „kostenloser Arbeitskraft" sind übrigens die „Sekundanten-Programme", die manche Firmen auflegen. Beispielsweise IBM: Wenn ein überzeugendes soziales Projekt in einem Bereich Unterstützung braucht, den IBM mit seinem Know-how abdeckt, entsendet das Unternehmen unter Umständen als Sponsoring-Maßnahme für einen bestimmten Zeitraum einen entsprechend qualifizierten Mitarbeiter. Eine solche Unterstützung durch IBM oder ein anderes Großunternehmen ist für eine kleine kirchliche Einrichtung nicht leicht zu erreichen, aber möglicherweise ergibt sich auf lokaler

Ebene ja mit ortsansässigen Betrieben eine vergleichbare Möglichkeit, kostenlose Leistungen abzurufen. Selbstverständlich müssen Sie vorher überlegen, welchen Vorteil der Betrieb umgekehrt davon haben könnte, ob etwa eine Veröffentlichung dieser Zeitspende in den Medien möglich ist und inwieweit Sie diesen Vorteil dem anvisierten „Zeitspender" auch überzeugend darstellen können.

• *Sachspenden*

Auch Sachspenden sind bares Geld: Ob bei der Anschaffung des neuen Telefons, bei der Bepflanzung des Gemeindegartens oder der Ausrüstung einer Caritas-Station mit EDV: Spezialisierte Unternehmen sind vielleicht bereit, Ihnen kostenlos die Geräte und Materialien zur Verfügung zu stellen, die Sie brauchen, aber eben nur schwer finanzieren können.

Voraussetzung ist auch hier, daß Sie die richtigen Unternehmen anschreiben (Branchenbuch oder Firmen, die Ihnen aus anderen Zusammenhängen schon bekannt sind) und Ihre Arbeit überzeugend darstellen. Bei der Kontaktaufnahme können Sie einen ähnlichen Weg wählen wie bei der Suche nach Sponsoren, mit dem Unterschied, daß Sie hier um eine unverbindliche (Sach-)Spende ersuchen und keinen Sponsorvertrag anvisieren. Allerdings sollten Sie trotzdem auf geeignete Weise bekannt machen, welches Unternehmen Sie wie unterstützt hat. Ob das nun im Pfarrgemeindebrief oder in der Lokalpresse geschieht, hängt von der Höhe der Sachspende ab.

Vielleicht stellen Ihnen örtliche Geschäfte auch Dinge zur Verfügung, die Sie etwa beim Basar des Gemeindefestes verkaufen können – auch kleine Sachspenden (gegen eine Spendenbescheinigung) können sich für Sie lohnen. Fragen kostet nichts, und die Kontaktpflege zur örtlichen Geschäftswelt zahlt sich auch in anderen Zusammenhängen aus.

• *Spendenwerbung durch Anzeigen*

Selbstverständlich können Sie auch durch Anzeigen in der Presse für ein Spendenanliegen werben. Dabei stellt sich natürlich immer die Frage, ob die Kosten für ein Inserat den zu erwartenden Spendeneingang rechtfertigen. Kriterien zur Beurteilung dieser Frage:

■ Ist die Leserschaft weitgehend deckungsgleich mit dem Kreis der potentiellen Spender? (In einem zu 90 Prozent katholisch dominierten Gebiet ist es zum Beispiel nicht unbedingt sinnvoll, per Tageszeitungsannonce Spenden für eine evangelische Einrichtung einzuwerben.)

■ Gibt es möglicherweise zielgenauere und günstigere Kommunikationswege (etwa Beilagen zum Pfarr- oder Gemeindebrief)?

■ Umgekehrt: Bedeutet die (gut gemachte) Spendenanzeige vielleicht eine wirksame Imagewerbung, die für die Einrichtung über den direkt meßbaren Spendeneingang hinaus ein positives Echo bringt?

■ Grundsätzlich gilt: Je größer die Einrichtung und deren Wirkungsgebiet, umso sinnvoller ein Anzeigen-Engagement.

Diese Misereor-Anzeige mit dem inzwischen verstorbenen Misereor-Geschäftsführer Norbert Herkenrath warb wenig „knallig", aber mit einem hohen Grad an persönlicher „Authentizität" für Spenden.

Manchmal bringen Zeitungen kostenlos kleine und kleinste Inserate, wenn sie sich als „Lückenfüller“ eignen, etwa zwischen Personalanzeigen.

Für die Anzeige gelten im übrigen ähnliche Regeln wie für Spendenbriefe: Gesicht zeigen, Lösungen und nicht (nur) Probleme formulieren, über Menschen und nicht über Strukturen reden, knapp und anschaulich texten. Bedenken Sie, daß der Betrachter einer Anzeige nur wenige Sekunden widmet und dann entscheidet, ob er „reagiert“. Das heißt, Sie müssen durch emotionale Reize, überraschende Farben, Auslösen von Überraschungseffekten oder andere „Stimulantien“ über Bild und Text versuchen, die Leser aufmerksam zu machen. Da man ausführliche Informationen über das Spendenprojekt in einer solchen Anzeige kaum unterbringen kann, sollten Sie die Möglichkeit anbieten, weiteres Material bei Ihnen anzufordern (Coupon in der Anzeige). Wer in einer Tageszeitung über Anzeigen um Spenden werben will, sollte wegen der gestalterischen Anforderungen in jedem Fall einen Graphiker hinzuziehen.

Testamentsspenden – ein heikles Thema?

„Erbschafts-Marketing“: Dieser abschreckende Begriff steht für ein neues, noch wenig beackertes Feld im Fundraising-Markt. Der Grund für das zunehmende Engagement vieler Nonprofit-Organisationen in diesem Bereich: Eine ganze Generation – alle diejenigen, die nach dem Krieg als junge Leute eine neue berufliche Existenz begründet haben – gibt ihr in 50 Jahren angesammeltes Vermögen in diesen Jahren an die nächste Generation weiter. Dies ist ein Vermögens-Transfer ohne Beispiel in der Geschichte der Bundesrepublik: In diesem Jahrzehnt werden in der Bundesrepublik Vermögen in Höhe von weit über 2 Billionen Mark (2.000.000.000.000!) vererbt.[18]

Viele Erblasser haben aber entweder keine Kinder oder ihnen nahestehende Verwandten, oder sie wollen aus anderen Gründen mit ihrem Vermögen ein „gutes Werk“ tun. Gemeinnützige Einrichtungen, die für eine dauerhafte und überzeugende Arbeit bekannt sind, haben eine gute Chance, dabei „bedacht“ zu werden. Allerdings: Der „Glücksfall Erbschaft“ fällt auch bekannten Non-Profit-Organisationen selten einfach in den Schoß. Man kann und sollte – auch als Einrichtung in kirchlicher Trägerschaft – den Empfang solcher Zuwendungen aktiv vorbereiten.

Daß Menschen die Kirche oder eine kirchliche Einrichtung zum Erben ihres Vermögens (oder eines Teils ihres Vermögens) einsetzen, ist nicht neu. Ebenfalls lange Tradition hat die Tatsache, daß diese Zuwendungen „von Todes wegen“ sich meistens im Verborgenen abspielen, nicht so an die große Glocke gehängt werden – und gerade deswegen auch eine Quelle für Unmut und den Vorwurf der Erbschleicherei sind. Das Thema ist sensibel – keine Frage.

■ *Einnahmen aus Erbschaften 1996 in Millionen Mark:*[19]

Deutsche Krebshilfe e.V.	35,4
Christoffel Blindenmission e.V.	11,0
Bischöfliches Hilfswerk Misereor e.V.	6,6
Umweltstiftung WWF Deutschland	1,6

18 Hans-Dieter Weger (1997), S. 11.

19 Quelle: eigene Angaben der Organisationen.

Warum ist das Thema so sensibel? Nun, es berührt gleich zwei Dinge, über die die Menschen nicht gerne sprechen - den Tod und die Frage des persönlichen Besitzes. Beide Tabus muß man sorgfältig im Auge behalten, wenn man aktiv um Erbschaften werben will. Wer Geld bekommt, wenn jemand stirbt, der handelt sich schnell den Ruf ein, vom Tod eines Menschen zu profitieren. Wer testamentarisch mit Besitz bedacht wird, auf den andere spekuliert haben (und davon kann man häufig ausgehen), wird Neid und Mißgunst erregen. Und wenn die empfangende Einrichtung - wie etwa die Kirche - in dem Ruf steht, ohnehin schon „reich" zu sein, ist der Vorwurf der Erbschleicherei schnell da. Wer auf testamentarische Zuwendungen setzt, sollte diese Sensibilitäten in seine „Strategie" mit einbeziehen.

• *Vermögensspenden schaffen Identität*

Eine Erbschaft oder ein Vermächtnis hat für den Erblasser wie für den Empfänger eine besondere Qualität.[20] Wer in einem Testament bedacht wird, erbt nicht einfach Geld, er erbt ein Lebenswerk. Denn in der Regel steht das Vermögen - aus Grundbesitz und Immobilien, Wertpapieren und Geld, vielleicht Kunstwerken und Antiquitäten - für das, woran ein Mensch sein Leben lang gearbeitet hat. Der Erblasser oder die Erblasserin hat viele Tausend Stunden Lebenszeit investiert, um dieses Vermögen zusammenzutragen und kann im Alter in der Regel zu Recht behaupten: „Das ist meiner Hände Werk". Im Alten Testament finden sich genug Beispiele für ungenierten Stolz auf das „Vermögen" an Haus, Grund und Vieh - und selbstverständlich bleibt der Besitz in der Familie, die dafür das Andenken dessen, der für diesen Besitz gearbeitet hat, in Ehren hält.

Menschen sind stolz auch auf ihr materielles Lebenswerk - das ist psychologisch verständlich und berechtigt, denn es berührt die Frage der Identität. „Was bleibt, wenn ich nicht mehr da bin? Wer wird sich an mich erinnern?" Man kann an ein Menschenbild, das dem Eigentum identitätsstiftende Qualität zuspricht, sicherlich aus theologischer Perspektive Fragen stellen. Aber es wäre falsch, es im Namen eines Materialismusvorwurfs einfach zu kritisieren oder seine Berechtigung zu bestreiten. Denn das in einem langen Leben erarbeitete Vermögen ist besetzt mit Erinnerungen, Hoffnungen und auch Ängsten.

Was motiviert Menschen, dieses Vermögen oder Teile daraus einer wohltätigen Einrichtung, vielleicht einer Kirchengemeinde, einem evangelischen Kinderheim oder einem katholischen Seniorenzentrum zu vermachen?

Häufige Motive sind: Der Erblasser beziehungsweise - meistens - die Erblasserin

- war der Einrichtung oder Gemeinde immer sehr verbunden und selbst in ihr engagiert.

---

20 Treffend beschrieben hat dies Alfons Kleine-Möllhoff (Stiftung Nachwelt e.V.) auf dem Seminar „Erbschaftsmarketing" der Gesellschaft für Sozialmarketing mbH am 13. und 14. Juni 1996 in Bad Honnef.

■ hat von der Einrichtung selbst profitiert, menschlich und persönlich gute Erfahrungen gemacht, möchte sich so dafür „bedanken".
■ möchte mit der Vermögensspende für die gemeinnützige Einrichtung posthum als „vorbildlich" gelten und von dem guten Ruf der bedachten Einrichtung mit profitieren.
■ möchte aus religiösen oder allgemein ethischen Motiven mit dem letzten Willen noch etwas Gutes tun, vielleicht in der Lebensbilanz auch etwas „wiedergutmachen".
■ erwartet möglicherweise unausgesprochen "Gegenleistungen" wie "Segen Gottes" oder "Pluspunkte im Himmel".
■ möchte sein Vermögen dafür einsetzen, daß Notleidenden geholfen wird und so dem eigenen Schaffen, das zu diesem Vermögen geführt hat, nachträglich einen besonderen Sinn geben.
■ möchte sich mit einer selbstlosen Tat ein „Denkmal" setzen.
■ will vielleicht Verwandten, die sich nicht um ihn oder sie gekümmert haben, sagen: „Die von mit bedachte Einrichtung ist meines Vermögens würdiger als Ihr."
■ möchte einfach ein wichtiges soziales Anliegen fördern und so einen letzten Beitrag für eine lebenswertere Welt leisten.[21]

Eine Vielzahl von Gründen und Lebenslagen können also bei Menschen dazu führen, eine gemeinnützige oder kirchliche Einrichtung mit einer Hinterlassenschaft zu bedenken. Gemeinsam ist den Motiven, daß sie um die lebensgeschichtliche Identität kreisen.

In welchen Situationen verfassen (oder ändern) Menschen ein Testament? Häufige Lebenslagen sind
■ das Anwachsen des Vermögens in einen nennenswerten Bereich, so daß eine Regelung der Besitznachfolge angezeigt scheint.
■ die Geburt von Kindern,
■ lebensgeschichtliche Zäsuren wie Heirat, Scheidung oder Eintritt ins Rentenalter,
■ eigene schwere Krankheit,
■ ein Todesfall oder ein lebensgefährlicher Unfall in der persönlichen Umgebung,
■ das Gefühl, daß die gesetzliche Erbfolge nicht zureichend ist – etwa, weil keine Kinder da sind.

Diese Überlegungen sensibel aufzunehmen, ist Herz einer jeden Fundraising-Strategie, die Erbschaften mit einbezieht.

---

21 Vgl. die Ausführungen von Claudia Severin-Woldt (Gesellschaft für Sozialmarketing mbH) beim Seminar Erbschaftsmarketing" der GfS am 13. und 14. Juni 1996.
Seminare zum Thema Erbschaften: Gesellschaft für Sozialmarketing mbH (GfS), Linzer Str. 21, 53604 Bad Honnef, Tel.: 02224/918250, Fax: 02224/918260.

• *Rechtliche Grundlagen*

Grundsätzlich ist die Erbfolge gesetzlich geregelt. Es steht jedoch jedem frei, in einem Testament die Erben autonom zu bestimmen: In dem verbreiteten „Berliner Testament" setzen sich die Ehegatten zu Alleinerben ein, nach dem Tod des zweiten Partners fällt das Vermögen an die Kinder. Unbeachtet dieser „gewillkürlichten" Erbfolge erhalten Ehegatten, Kinder und Kindeskinder sowie Eltern den sogenannten „Pflichtteil", wenn sie darauf bestehen. Der Pflichtteil beträgt 50 Prozent des Anteils, der ihnen nach den gesetzlichen Regelungen zugestanden hätte. Wieviel Erbschaftssteuern für die Erben anfallen, richtet sich einerseits nach der Höhe des Erbschaft, andererseits danach, wie nahe die Erben dem Verstorbenen standen. Im Jahressteuergesetz 1997 sind die Erbschafts- und Schenkungssteuern neu geregelt – eine Broschüre des Bundesjustizministeriums informiert über Einzelheiten.[22]

Für die Frage des Vermächtnisses an eine gemeinnützige Organisation ist relevant, daß

- jeder einer solchen Einrichtung sein Vermögen oder einen Teil des Vermögens vermachen kann,
- der Pflichtteil der oben genannten Verwandten sowie des Ehepartners davon unberührt bleibt,
- eine Steuer dann entfällt, wenn die Einrichtung als gemeinnützig anerkannt ist.
- eine solche Zuwendung von Todes wegen an eine gemeinnützige Organisation automatisch „Vermögensqualität" hat, das heißt, nicht – wie bei Spenden üblich – dem Gebot der „zeitnahen Mittelverwendung" unterliegt.

• *Stiftungen als Empfängerinnen einer Hinterlassenschaft*

Eine besonders geeignete Form, Vermögen für einen guten Zweck dauerhaft anzulegen, besteht in der Einrichtung einer Stiftung.[23] Das gestiftete Vermögen bildet den Grundstock eines Kapitals, aus dessen Erträgen etwa das Kinderheim oder das Arbeitslosenzentrum finanziert werden. Das Vermögen selbst wird dabei nicht angegriffen und überdauert also die Zeit – so gewährt diese Rechtsform eine Garantie für die Langfristigkeit der guten Tat des Stifters. Außerdem überwacht der Staat selbst, daß das Geld im Sinne dessen Verwendung findet, der es gestiftet hat – auch das macht die Stiftung für alle die interessant, die ihrem Namen zu Lebzeiten oder nach dem Tod ein Denkmal setzen wollen. Durch diese Stuktur wird die Stiftung der Tatsache besonders gerecht, daß die

---

22 Bestelladresse: Bundesministerium der Justiz, Postfach, 53170 Bonn, Tel.: 0228/580, Fax: 0228/584525.

23 Vgl. zum Folgenden die ausführlichen Arbeiten von Dr. Hans-Dieter Weger, Institut für Stiftungsberatung (Einzelangaben im Literaturverzeichnis).
Beratung und Hilfen: Institut für Stiftungsberatung, Thaddäusstr. 33, 33415 Verl, Tel.: 05246/92190, Fax: 05246/921999.

Vermögensspende im Todesfall nicht einfach der Transfer eines Geldbetrages ist, sondern in dem Vermächtnis ein Stück Lebensgeschichte steckt. In der Stiftung wird die Erinnerung an dieses Leben – verbunden mit dem Stiftungszweck – noch viele Jahre fortdauern, während „einfach so" gespendetes Geld vielleicht nach kurzer Zeit schon „weg" ist, wenn auch für einen guten Zweck ausgegeben. Wer sich also mit dem Gedanken trägt, Erbschaftsmarketing zu betreiben, sollte prüfen, welche Möglichkeiten eine Stiftung enthält. Gerade für kirchliche Einrichtungen und Gemeinden bieten sich hier manchmal interessante neue Wege der Finanzierung wichtiger Aufgaben.

Was sind Merkmale einer Stiftung?

Als Stifter können Privatpersonen und juristische Personen auftreten. Das heißt, ein einzelner Unternehmer kann ebenso eine Stiftung gründen wie etwa eine Pfarrgemeinde oder – unter Beachtung bestimmter Kriterien – ein gemeinnütziger Verein.

Der *Stifterwille:* Der Stifter drückt in der Stiftungssatzung aus, zu welchem Zweck er die Stiftung gründet, wie sie ausgestattet sein soll und welche organisatorische Struktur sie hat. Insofern ist die Stiftung weitgehend „sein Werk". Allerdings: Wenn er diesen Willen einmal ausgedrückt hat, ist die Stiftung – ebenso wie die Vermögensausstattung – unwiderruflich selbständig.

Der *Stiftungszweck* ist das inhaltliche Rückgrat der Stiftung. Er ist die verbindliche Richtschnur für alle Entscheidungen der Stiftungsorgane. Bei einer gemeinnützigen Stiftung hat sich der Zweck im Rahmen des Gemeinnützigkeitsrechts zu bewegen. Bei der Formulierung des Stiftungszwecks ist zu bedenken, daß eine auf Dauer angelegte Stiftung in der Formulierung ihrer Ziele flexibel genug sein sollte, auf gesellschaftliche Veränderungen im Sinne des Stifters zu reagieren.

Das *Stiftungsvermögen* muß hoch genug sein, um den Zweck „nachhaltig" fördern zu können. Es kann aus Werten verschiedener Art bestehen – von Immobilien bis zu Wertpapieren. Eine Stiftung kann auch so angelegt sein, daß eine nachträgliche Aufstockung des Stiftungsvermögens möglich ist – sogenannte *Zustiftungen.* So können zu einem späteren Zeitpunkt auch Summen, die für eine eigene Stiftung nicht ausreichend wären, diesem Zweck als „Zustiftung" zugeführt werden. Mehrere Menschen können so als Stifter einen bestimmten Zweck unterstützen.

Die *Stiftungsorganisation* liegt ebenfalls in der Gestaltungsfreiheit des Stifters. Es ist mindestens ein Vorstand erforderlich, aber auch ein Beirat oder ein Kuratorium sind denkbare Strukturelemente. Ihre Aufgaben und die Qualifikation ihrer Mitglieder sollten von vorneherein klar beschrieben werden. Die ersten Mitglieder werden meist vom Stifter selbst benannt, und auch die Art und Weise der Nachfolge bei Ausscheiden ist vorher zu regeln.

Durch staatliche Genehmigung schließlich wird die selbständige Stiftung „rechtsfähig". Die *staatliche Aufsicht* richtet sich in erster Linie auf die Einhaltung der Gesetze, der Satzung und des Stifterwillens.

Stiftungs-Formen und Einsatzmöglichkeiten
Die oben genannten Kriterien gelten für eine *rechtsfähige Stiftung* bürgerlichen Rechts. Daneben gibt es weitere Stiftungsformen: die Stiftung öffentlichen Rechts, die Stiftung als GmbH oder als e.V., nicht rechtsfähige Stiftungen in privater, öffentlicher oder kirchlicher Trägerschaft.

Die *nicht rechtsfähigen Stiftungen* sind in der Regel einfacher zu handhaben und schon bei kleineren Stiftungsbeträgen zu realisieren: So wird die sogenannte „unselbständige Stiftung" - wenn zu Lebzeiten des Stifters eingerichtet - durch einen Vertrag zwischen Stifter und einem Träger begründet. Der Träger übernimmt für das gestiftete Vermögen in der Regel „Treuhandfunktion". Sie kann allerdings auch durch Testament, Erbvertrag oder Vermächtnis begründet werden, wobei die als Treuhänderin vorgesehene Einrichtung an der Erarbeitung der Satzung mit einbezogen werden sollte. Die unselbständige Stiftung wird von der Treuhänderin als Sondervermögen gemäß dem Stiftungszweck verwaltet. Eine staatliche Genehmigung entfällt. Auch die unselbständige Stiftung kann den Namen des Stifters tragen. Sie kann - wenn dies vorher so geregelt ist - später in eine selbständige Stiftung übergehen.

Eine Sonderform der unselbständigen Stiftung ist der *„Stiftungsfonds"*, der durch eine regelmäßige Einlage kontinuierlich aufgestockt werden kann. Auch hier verwaltet eine Treuhänderin - beispielsweise eine gemeinnützige Einrichtung mit entsprechender Zielsetzung - das Vermögen, wobei eine eigene Organisation (Vorstand, Beirat) nicht nötig ist. Durch seine vergleichsweise unkomplizierte Handhabung eignet sich der Fonds besonders gut als Fundraising-Instrument, bei dem man auch um kleinere Einlagen werben kann. Eine Besonderheit des Stiftungsfonds ist es, daß - wenn der Stifter dies in der Satzung vorsieht - auch Geld aus der „Substanz" zur Verwirklichung des Stiftungszwecks aufgewandt werden kann (bis zur Aufzehrung des Vermögens und anschließender Auflösung des Fonds).

Die *„Zustiftung"* schließlich ist die Zuwendung von Vermögen an eine bereits bestehende Stiftung, sofern die Satzung der Stiftung diese Möglichkeit vorsieht. Wer Geld oder andere Werte für eine Zustiftung gibt, sieht dieses Vermögen ausdrücklich nicht zum direkten Verbrauch im Sinne der Einrichtung vor, sondern als Zuwendung zum Stiftungsvermögen, das heißt als langfristige vermögensbegründende Einlage. Wer Mittel für eine Zustiftung einwirbt, muß dies - zur Unterscheidbarkeit von einer Spende - auch deutlich machen.

Als besondere Stiftungsformen gibt es außerdem die *Stiftergemeinschaft,* die sich bei der Errichtung einer Stiftung oder später infolge von Zustiftungen bildet. Einer Stiftergemeinschaft beizutreten - was an einen Mindestbetrag gebunden sein sollte -, sollte für die Stifter etwas Besonderes sein, wobei die Gemeinschaft auch besonders "betreut" wird.

Im amerikanischen Raum - und jetzt auch erstmals in der Bundesrepublik - gibt es noch das Phänomen der "Gemeinschaftsstiftung", die ihre Fördertätigkeit vor allem auf ein bestimmtes lokales Umfeld oder eine bestimmte Region richtet (ähnlich: Bürgerstiftung oder Stadtstiftung).[24]

Die Gründung einer gemeinnützigen Stiftung bringt eine Reihe von *steuerlichen Vorteilen* für die Stiftung und den Stifter. So fallen auf der Seite der Stiftung keine Erbschafts- und Schenkungssteuer, keine Grunderwerbssteuer und keine Vermögenssteuer an. Auch Körperschaftssteuern und Gewerbesteuern entfallen, sofern nicht Einnahmen im Sinne eines wirtschaftlichen Geschäftsbetriebs erzielt werden. Der Stifter kann Stiftung und Zustiftung in einem bestimmten Rahmen absetzen (§ 10b Abs.1 Einkommensteuergesetz, § 9 Nr. 3 Körperschaftssteuergesetz). Außerdem kann er festlegen, daß ein Drittel des Stiftungseinkommens dazu verwendet wird, ihm selbst und seinen nächsten Angehörigen in angemessener Weise Unterhalt zu gewähren beziehungsweise das Andenken des Stifters zu ehren (etwa durch Grabpflege – § 58 der Abgabenordnung).

Wer in Erwägung zieht, eine Stiftung zu gründen, sollte in jedem Fall einen dafür qualifizierten Rechtsberater hinzuziehen. Ansprechpartner vermittelt der Bundesverband Deutscher Stiftungen. Der Bundesverband gibt im übrigen den „Ratgeber für Stifter " heraus, der eine gute Einführung in die gesamte Thematik bietet.[25]

Vorteile der Rechtsform der Stiftung gegenüber dem Verein

Anders als der Verein, der sein Vermögen jederzeit für die Vereinszwecke verbrauchen kann, ist die Stiftung zum Erhalt ihres Vermögens verpflichtet und setzt nur die Erträge (sowie Spenden) für den Stiftungszweck ein. Dadurch ist die Dauerhaftigkeit oder „Nachhaltigkeit" – auch für den Stifter nachvollziehbar – gewährleistet. Im Gegensatz zum Verein hat die Stiftung keine Mitglieder und keine Mitgliederversammlung. Dadurch ist sie flexibler in ihren Entscheidungen. Für den Stifter ist umgekehrt gesichert, daß sein „Stiftungswille" – durch die Stiftungsaufsichtsbehörde kontrolliert – auch eingehalten wird. Im Verein kann eine Zweckänderung durch Mitglieder jederzeit herbeigeführt werden.

„Gegenleistung" für den Stifter

Wer Vermögen für oder in eine Stiftung gibt, möchte dadurch seinen Namen und sein Andenken mit einem guten Zweck verbinden, das heißt sich durch die Stiftung selbst ein Stück weit „verewigen". Insofern ist auch die Stiftung ein „Geschäft auf Gegenseitigkeit ". Die gemeinnützige Organisation oder Kirchengemeinde, die von der Stiftung profitiert, sollte diesem Motiv des Stifters oder Zustifters entsprechen, indem sie

- eine Stifterurkunde oder einen Stifterbrief ausstellt,
- seinen/ ihren Namen in ein Stifterbuch einträgt, das öffentlich einsehbar ist,

24 Dazu Hans-Dieter Weger (1997), S. 55.

25 Bundesverband Deutscher Stiftungen e.V., Adenauerallee 15, 53111 Bonn, Tel.: 0228/2180-31 oder -32, Fax: 0228/214526.

- den Stifter oder die Stifterin (im Todesfall: interessierte Familienangehörige) zu Veranstaltungen der Stiftung einlädt und sie regelmäßig über Entwicklungen der Stiftung informiert,
- möglicherweise eine (unselbständige) Stiftung mit dem Namen des Stifters einrichtet, die von der Stiftung privaten Rechts treuhänderisch verwaltet wird.

Stiftungen in Deutschland

Beim Bundesverband Deutscher Stiftungen sind rund 8.000 Stiftungen erfaßt. Davon hat jede fünfte ihren inhaltlichen Schwerpunkt im Bereich „Bildung, Ausbildung, Erziehung". Über ein Drittel der Stiftungen benennt „Soziale Aufgaben" als Stiftungszweck. Und immerhin noch fast jede siebente Stiftung fördert materiell und ideell Wissenschaft und Forschung. Auf Platz vier der Stiftungshitliste steht mit rund 1.000 Einträgen der Bereich „Kunst und Kultur". Die übrigen Stiftungen verteilen sich (in der Reihenfolge) auf „Gesundheit", „Religion", „Familie und Unternehmen", „Umwelt, Landschaft, Natur", „Völkerverständigung", „Wirtschaft und Verbraucher" sowie „Politik".[26]

Beispiele für Stiftungen mit kirchlichem Hintergrund:

- Die Stiftung „Für das Leben" fördert als Kirchliche Stiftung des öffentlichen Rechts (mit Sitz in der Evangelischen Kirche in Hessen und Nassau) Familien, Mütter und Kinder in Problemsituationen - jährliche Förderleistung rund 300.000 Mark.
- Die Graf-Recke-Stiftung in Düsseldorf betreibt Heime der Jugend, Behinderten- und Altenhilfe, Schulen und Berufsbildungszentren (operativ tätig, das heißt, der Stiftungszweck wird durch Betrieb eigener Einrichtungen erfüllt, nicht durch die Förderung externer Projekte).
- Die Stiftung „Bibel und Kultur" (Stuttgart) fördert die Geltung und Bedeutung der Bibel im öffentlichen Bereich (50.000 Mark im Jahr).
- Die Kaiserin Auguste Victoria-Stiftung unterstützt (mit 350.000 Mark jährlich) den ökumenischen Gedanken, karitative Arbeit und unterhält einen kirchlichen Dienst für Touristen und Pilger in Jerusalem.

Übersichten über deutsche Stiftungen gibt - in Auszügen - der „Maecenata Stiftungsführer" und vollständig das „Verzeichnis Deutscher Stiftungen" (Angaben im Literaturverzeichnis).

Erbschaftsmarketing für kirchliche Einrichtungen (Zielgruppen, Werbemedien)

Das Werben um eine Erbschaft ist eine sensible Sache, und wer hier ungeschickt vorgeht, riskiert Schaden für den Ruf der Einrichtung. Die wichtigste Regel auch beim Entwerfen einer Strategie in Sachen Erbschaftswerbung: Fundraising ist Beziehungsarbeit, und besonders *ein größeres Vermächtnis ist Frucht einer lange*

26 Ratgeber für Stifter, S. 14.

gewachsenen inneren Beziehung zwischen geförderter Einrichtung und dem Menschen, der sie testamentarisch bedenkt. Wenn die Vermögensspende in der Fundraising-Pyramide ganz oben steht, dann nicht, weil es hier um das meiste Geld geht, sondern weil hier die menschliche Beziehung zwischen Förderer und Einrichtung besonders eng ist. In der „Namensstiftung" ist diese Identifikation fast schon symbolisch verdichtet.

Aus diesem Grund eignet sich die Bitte um ein Vermächtnis nicht für ein Mailing, mit dem Sie bei „Fremden" zum ersten Mal um Unterstützung für Ihre Einrichtung werben. Die Bitte um eine Vermögensspende setzt voraus, daß die Angesprochenen über einen längeren Prozeß dem Förderzweck nähergetreten sind und dann irgendwann einmal von selbst den Wunsch verspüren, dieser Verbundenheit durch die Spende eines Teils ihres materiellen Lebenswerks deutlichen Ausdruck zu verleihen. Das kann dann noch zu Lebzeiten geschehen (Schenkung oder Stiftung) oder testamentarisch festgelegt werden.

Daß zwischen Testamentsverfassung und Todesfall ja viele Jahre vergehen können, macht deutlich, daß das Werben um eine Erbschaft auch von Seiten der spendensammelnden Einrichtung den *Willen zur Dauerhaftigkeit* voraussetzt. So sollte der erste Schritt der Überlegungen in jedem Fall die Frage sein, ob das Werben um Vermögensspenden überhaupt sinnvoll für Ihren Zweck ist, und wie Sie der Motivation potentieller Spender nach „dauerhaften Spuren" ihrer Tat nachkommen können. Wollen Sie die Renovierung des Jugendkellers oder den Neubau des Kindergartens finanzieren, sind kurzfristig einsetzbare Geldspenden sicherlich besser geeignet als ein „unantastbares" Stiftungsvermögen, das zwar stetig Geld abwirft, aber nicht schnell verfügbar ist. Und von dem man, wenn es sich um eine testamentarische Stiftung handelt, naturgemäß nicht weiß, wann sie überhaupt zustande kommt. Umgekehrt wäre eine Stiftung zur Förderung der Kirchenmusik in einer altehrwürdigen Kirche ein durchaus denkbares Unterfangen, weil es diese Kirche in 50 Jahren (hoffentlich) auch noch geben wird. Ebenso sind Stiftungen im Bereich der Heimbetreuung an vielen Orten schon lang bewährte Wirklichkeit.

Wenn Sie der Meinung sind, daß das Werben um Vermögensspenden und vielleicht der *Aufbau eines langfristig orientierten Stiftungskapitals* sinnvoll sind, sollten Sie noch einmal selbstkritisch testen, ob der zur Förderung vorgesehene Arbeitsbereich wirklich die Substanz hat, potentielle Geber anzuziehen. Wären Sie selbst stolz darauf, Ihren Namen mit diesem Projekt über Ihren Tod hinaus verbunden zu sehen? Kennen Sie Menschen, die der Einrichtung so nahestehen, daß sie einen solchen Schritt gehen würden? Oder rühren die finanziellen Probleme vielleicht umgekehrt daher, daß dieser Bereich nicht mehr besonders attraktiv ist? Dann wäre der erste Schritt zum Fundraising eine gründliche Analyse dieser Situation, möglicherweise eine Neuorientierung der Einrichtung und eine optimierte Öffentlichkeitsarbeit.

Wenn Sie nun sicher sind, daß Sie im Bereich Erbschaften aktiv werden wollen, prüfen Sie, ob die Gründung einer Stiftung – die Sie ja als Gemeinde oder gemeinnützige Einrichtung vornehmen können - ein sinnvoller Weg zur Förderung ist. Sie hätten dann in ihrer Werbung die guten Argumente zur Hand, die mit der Dauerhaftigkeit und dem guten Renomée einer „Stiftung" verbunden sind. Kleinere Beträge könnten als *Zustiftung* vereinnahmt werden, größere vielleicht sogar zu treuhänderisch verwalteten *Namensstiftungen* führen. In jedem Fall erlaubt die Stiftung Ihnen, den (Zu)stiftern die Erinnerung zu sichern, die diese erwarten. Eine Alternative ist es, für Einzelspenden zu werben, die selbstverständlich testamentarisch auch möglich sind und die dann „zeitnah" zu verbrauchen sind.

Wie bringen Sie potentiellen Erblassern die Möglichkeit eines stifterischen Engagements oder einer testamentarischen Spende nahe? Sicher hilft Ihnen zunächst eine Auflistung der Kontakte, die sie mit älteren Menschen über ihre tägliche Arbeit ohnehin schon haben. Wobei Sie nicht nur auf die „alten Alten" sehen sollten - ihr Testament machen die meisten schon früher. Bevor Sie diese mit der Möglichkeit eines Nachlasses zugunsten Ihrer Gemeinde oder Einrichtung vertraut machen, sollten Sie darüber nachdenken, wie Sie Ihre *„Zielpersonen" in den Förderbereich* einbinden können. Wer etwa im Rahmen eines „Fördervereins Kirchenmusik" den Wert der musikalischen Arbeit schätzen gelernt hat und außerdem auf diesem Weg die dauernde Sorge um die Finanzierung der Arbeit mitbekommen hat, wird dem Gedanken einer testamentarischen Zuwendung für eine entsprechende Stiftung näherstehen als jemand, der diese Verbundenheit nicht hat. Dieser persönlichen Beziehung sollte also gerade bei der aktiven Werbung um Erbschaften vorrangiges Augenmerk gelten.

Zur gegebenen Zeit - wie beim Fundraising überhaupt kommt es auch hier auf das nötige Einfühlungsvermögen des Fundraiser an - sollte man die potentiellen Förderer dann *über die Möglichkeit der testamentarischen Vermögensspende informieren.* Da Sie über das Testament nicht sprechen können, ohne über den Tod zu sprechen, ist doppeltes Fingerspitzengefühl erforderlich. Aber gerade in der Kirche gibt es Räume, in denen sich vor allem ältere Menschen über das irgendwann bevorstehende eigene Ende austauschen. Senioren- oder Frauenhilfsgruppen laden fachkundige Referenten zu der ja nicht einfachen Frage des Erbrechts ein, Theologen kommen mit ihnen über die seelsorgerlichen Aspekte des Lebensendes und der „Lebensbilanz" ins Gespräch. Dort ist die Frage nach dem „Was bleibt?" selbstverständlich ein Thema, und da ist auch ein legitimer Ort, die Möglichkeiten einer Vermögensspende für einen kirchlichen guten Zweck vorzustellen. Es versteht sich von selbst, daß auch nur der Anschein von „Überredung" vermieden werden sollte.

Schriftliches Informationsmaterial

Eine *Erstinformation in Form eines Faltblattes* kann folgende Punkte ansprechen:

■ Wie verfasse ich ein Testament? *Rechtliche Aspekte* (einfach aufbereitet, ergänzt durch eine Checkliste).

■ Ansprechen der Möglichkeit, durch *bewußte Gestaltung des Testaments* noch ein „Zeichen“ für die Nachwelt zu setzen: Es ist eben nicht egal, was nach dem eigenen Tod mit dem Vermögen eines Menschen geschieht, man kann mit ihm noch viel Gutes bewirken.

■ möglicherweise ein *persönliches Statement* eines Menschen, der eine solche testamentarische Zuwendung für die Einrichtung schon verfügt hat (und der noch lebt): Das ist geeignet, an einem konkreten Fall die Vorteile eines solchen Vermächtnisses für den Erblasser herauszuarbeiten: Er tut schon zu Lebzeiten etwas Gutes, widmet sich und sein Vermögen einer wertvollen Sache.

■ In einer *ergänzenden Broschüre:* Beschreiben Sie auf einfache, aber ansprechende Art Ihre Einrichtung: Was ist das Problem, dem Sie sich zuwenden, auf welchen Wegen lösen Sie es. Zeigen Sie Menschen, die von Ihrer Arbeit profitiert haben. Machen Sie deutlich, inwiefern ein finanzielles Engagement der Leser Menschen in ihrer Not hilft.

■ Wichtig ist, daß für Fragen im Zusammenhang der Testamentserstellung immer ein *Ansprechpartner als Vertrauensperson* benannt wird. Warum nicht die Pfarrerin oder der Pfarrer, die auch aufgrund ihrer Schweigepflicht einen Vertrauensvorschuß genießen?

■ Stellen Sie sicher, daß die Leser in jeder Informationsschrift eine *Antwort-Möglichkeit* vorfinden. Wahrscheinlich wollen sie erst einmal mehr über Ihre Einrichtung wissen – geben Sie ihnen die Möglichkeit (Coupon).

■ Wenn die Überlegungen eines Interessenten im Hinblick auf ein Vermächtnis zugunsten Ihrer Einrichtung konkret geworden sind, kann ein *„unverbindliches Versprechen“* (Formular anbieten) für den Erblasser ein Weg sein, Ihnen mitzuteilen, daß er Sie bedacht hat. Sie erfahren auf diesem Weg von seiner Willenserklärung und haben so die Möglichkeit, ihm oder ihr regelmäßig Informationen und Einladungen Ihrer Einrichtung zukommen zu lassen. Eine solche testamentarische Zuwendung ist etwas Besonderes – das sollten Sie auch zum Ausdruck bringen.

Denken Sie bei allem, was Sie unternehmen, daran, daß Fundraising Beziehungsaufbau ist, und daß eine Vermögensspende nichts anderes als die Folge einer sehr engen Beziehung eines Menschen zu Ihrer Einrichtung/Gemeinde sowie ihren Mitarbeitern darstellt.

Kirchen-Sponsoring – so wird's gemacht

• *Zauberwort „Sponsoring"*

Papa „sponsert" Sohnemanns Studium, die Passanten in der Fußgängerzone „sponsern" die musikalischen Darbietungen eines Straßenmusikanten, und die junge Familie sagt nicht nein, wenn die Eltern ihre Häuslebauer-Pläne mit einer großzügigen Zuwendung „sponsern". Die Rede von „Sponsoring" ist in Mode, und auf der Suche nach Finanzierungsquellen hat sich schon mancher Geschäftsführer einer kirchlichen Einrichtung fragen lassen müssen, warum der Kindergarten, das Jugendhaus oder die Akademie denn überhaupt noch Kirchensteuermittel braucht – angeblich stehen die Sponsoren doch Schlange, um einen wirklich guten Zweck mit ihrem Geld kräftig zu fördern ...

Aus der Sicht derer, die das Geld haben, an das die sozialen Einrichtungen gerne wollen, sieht das leider anders aus: Zwar sind viele Unternehmen grundsätzlich daran interessiert, Sponsoring als ergänzende Werbemaßnahme verstärkt einzusetzen. Aber – und an diesem Mißverständnis scheitern die meisten Sponsoring-Wünsche sozialer Einrichtungen – Sponsoring ist keine uneigennützige Spende, Sponsoring ist ein Geschäft. Das Sponsoring-Unternehmen will für sein eingesetztes Geld eine Gegenleistung sehen. Diese Gegenleistung besteht aus einem „Image-Transfer", das heißt, das Unternehmen will von dem guten Ruf dessen profitieren, den es unterstützt.

Wenn Sie also Geld haben wollen, müssen Sie den potentiellen Sponsor erst einmal davon überzeugen, daß er sich mit dem, was Sie als soziale Einrichtung tun, gewinnbringend präsentieren kann. Es versteht sich von selbst, daß Sie als Einrichtung umgekehrt genauso kritisch fragen, wen Sie an Ihrem Ruf denn teilhaben lassen wollen. Mit anderen Worten: Sponsoring ist ein Prozeß, der Zeit braucht und genau geplant sein will. Eine erfolgreich durchgeführte Sponsoring-Maßnahme bringt Ihnen aber möglicherweise über den finanziellen Gewinn hinaus ein Plus an konzeptioneller Selbstsicherheit, an öffentlichem Bekanntheitsgrad und an Kommunikation mit neuen Zielgruppen.

• *Sponsoring-Kultur in Deutschland*

Die Bedeutung des Sponsoring nimmt zu – und die Zuwachsraten dieses Geschäfts sind beachtlich. Doch Vorsicht: Der Bereich des Sozial-Sponsorings, in dem sich kirchliche Einrichtungen bewegen, ist nur ein relativ kleines Segment im Gesamtmarkt des Sponsoring. Der weitaus größte Teil der Gelder landet im Sportsponsoring, danach folgt – allerdings schon mit Abstand – die Kultur. Das Sozialsponsoring spielt dagegen bisher noch eine untergeordnete Rolle. Der Grund liegt auf der Hand: Der Werbeeffekt von Sponsoring lebt von der Öffentlichkeit, die das Sponsoring-Verhältnis wahrnimmt. Und der Sport – vom Tennis über den Motorsport bis zum Fußball – bringt Einschaltquoten mit sich, an die die Kultur nur schwer und soziale Projekte so gut wie nie heranreichen.

Noch ein zweiter Wermutstropfen zu Beginn: „Sponsoring" können sich nur Unternehmen leisten, denen es gut geht. Kein Betrieb wird eine Arbeitsloseninitiative sponsern, wenn er gleichzeitig selbst Leute entlassen muß. Florierende Betriebe sind aber im Moment nicht gerade häufig, so daß viele Unternehmen in Sachen Sponsoring eher zurückhaltend sind.

Das heißt nicht, daß soziale Projekte keine Chance hätten, einen Sponsor zu finden. Aber die Art und Weise, wie die Öffentlichkeit in das Sponsoring-Verhältnis mit einbezogen werden kann, muß vorher nüchtern und genau geplant werden. Eine durchaus realistische und nicht zu unterschätzende Chance für soziale Projekte, gerade auch in kirchlicher Trägerschaft, liegt in ihrer lokalen und regionalen Anbindung. Denn diese ermöglicht eine unmittelbare Kommunikation, die die „Großen" wiederum nicht leisten können. Die Stärke ist die Nähe solcher Projekte zu den Menschen in ihrer Umgebung.

Im deutschsprachigen Raum steckt der Umgang mit Sponsoring noch in den Kinderschuhen. In den USA hat die Sponsoring-Kultur – ähnlich wie das Spendenwesen – einen wesentlich höheren Stellenwert. Der Grund liegt hauptsächlich darin, daß die sozialen Aufgaben nicht nur als öffentliche, sondern primär als private und damit auch unternehmerische Aufgaben angesehen werden. Aber auch in anderen europäischen Ländern ist der Umgang mit diesem Instrument bei sozialen Institutionen weiter entwickelt: So ist in den Niederlanden das Krankenhaus-Sponsoring inzwischen verbreitete Praxis.

Ein Hinweis noch vorab: Wenn Sie bei der kritischen Prüfung der Frage, ob Sponsoring für Sie eine Finanzierungsquelle sein könnte, zu einem negativen Ergebnis kommen, sollten Sie sich dadurch nicht entmutigen lassen. Denn Sponsoring ist keineswegs die alleinseligmachende Finanzierungsquelle, als die sie viele Einrichtungen ansehen, sondern eher die Ausnahme. Wo Sponsoring nicht in Frage kommt – etwa weil ein Projekt nicht die erforderliche Medienwirksamkeit entfalten kann – kann eine gute Spendenwerbung durchaus sehr erfolgreich sein. Voraussetzung für beides ist allerdings eine überzeugende Öffentlichkeitsarbeit.

• *Sponsoring: Ein Geschäft auf Gegenseitigkeit*

Bevor Sie sich auf die Suche nach einem Sponsoring-Partner machen, sollten Sie sich die Erwartung möglicher Sponsoren noch einmal gründlich vor Augen halten. Denn es erleichtert Ihnen Ihre Vorbereitungen, wenn Sie das Geschäft zunächst durch die Brille Ihres Gegenübers sehen.

Was erwartet ein Unternehmer von einer Sponsoring-Aktion?

■ Werbung durch Image-Gewinn: Wer sich „sozial engagiert", tut etwas für die Allgemeinheit, profiliert sich als „nicht allein an egoistischen Profitinteressen orientiert", bietet seinen Kunden das Gefühl, durch den Kauf eines Produkts eine gute Sache zu unterstützen.

■ Neue Ansprache der traditionellen Zielgruppen: Ein Unternehmen will seinen Zielgruppen ein neues Produkt nahebringen. Wenn Sie als soziale Einrichtung mit dieser Zielgruppe arbeiten und – etwa bei Jugendlichen – bekannt sind, kann das Unternehmen von Ihrem positiven Image bei dieser Zielgruppe profitieren.
■ Aufschließen neuer Zielgruppen: Eine Firma, die auf eine Zielgruppe „fixiert" ist, will sich durch Sponsoring vielleicht bei einer anderen Zielgruppe bekannt machen.
■ Standortpflege: Ein Unternehmen will seinen Ruf dadurch stärken, daß es sich am Ort auch sozial engagiert.
■ Identifikation für die eigene Belegschaft: Möglicherweise ist ein Unternehmen auch daran interessiert, durch eine Bindung an ein soziales Projekt eine Motivation und Identifikationsmöglichkeit für die Mitarbeiter zu bieten.
■ „Gutes Gefühl" bei den Entscheidern: Auch ein an wirtschaftlichen Interessen orientierter Betrieb wird von Menschen geleitet, die Anerkennung brauchen. Die Unterstützung einer guten Sache kann diese Anerkennung herbeiführen: durch Freunde, Familie und die öffentliche Meinung.

Die Motivation auf der Sponsoren-Seite ist also durchaus vielschichtig. Der Image-Gewinn ist aber immer der Hauptnutzen. Entsprechend sollten Ihre Bemühungen auch in erster Linie darauf gerichtet sein, Ihren Sponsor-Partner davon zu überzeugen, daß er in dieser Hinsicht mit Ihnen „gewinnt".

• *Wer mit Sponsoring arbeiten kann – und wer es lassen sollte*

Ein Sponsor erwartet, mit seinem Engagement öffentliche Anerkennung zu ernten. Daß nicht jedes soziale Engagement für eine öffentliche Präsentation geeignet ist, grenzt die Auswahl der Projekte ein. Folgende Kriterien helfen bei der Bewertung der Frage, ob die Suche nach Sponsoren sich lohnt.
■ Die zu unterstützende Arbeit sollte so sein, daß sie öffentliche Beachtung findet. Es gibt Themen, die mehr Interesse wecken als andere, weil sie eine „emotionale Wirkung" entfalten. Dazu gehört zum Beispiel alles, was Kinder betrifft, was mit der zunehmenden Gewaltbereitschaft in der Gesellschaft zusammenhängt, was die soziale Sicherheit und individuelle körperliche und seelische Gesundheit berührt. Überlegen Sie, ob und wie das Thema Ihres Engagements Menschen emotional anspricht. Auch wenn soziales Engagement oft mit „Strukturen" zu tun hat, ist es doch nie „abstrakt". Erzählen Sie die Geschichte eines Menschen, für den das Leben durch Ihre Unterstützung in irgendeiner Weise lebenswerter geworden ist – wenn Sie das können, werden Sie auch Außenstehende vom Sinn Ihrer Arbeit überzeugen können.

Zweites Kriterium für eine inhaltliche Bewertung Ihres Themas ist neben der menschlichen Seite die öffentliche Relevanz. Haben Sie mit dem, was Sie tun, eine neue Lösung für eine gesellschaftliche Frage zu bieten? Dann werden Sie ganz sicher mit Ihrer Arbeit öffentliches Gehör finden. Was setzt „die Kirche" gesellschaftlichen Tendenzen – wie der Angst der Menschen vor Einsamkeit, Armut und Gewalt – aus der Sicht des Evangeliums entgegen? Einrichtungen und Gemeinden, die hier mit Phantasie etwas „bewegen" und innovative Lösungsansätze anbieten, werden Medienresonanz und, wenn sie ihre Idee in ein Projekt packen, auch Unterstützung durch Sponsoren finden.

■ Sponsoring ist immer zeitlich begrenzt und projektorientiert. Es hat keinen Sinn, Personalkosten oder allgemeine Betriebskosten einer Einrichtung durch „Sponsoring" finanzieren zu wollen. Denn erstens läßt sich die Finanzierung einer Stelle schlecht dauerhaft medienwirksam verkaufen. Eine „stille" Basisfinanzierung ist in der Regel unspektakulär und liegt darum selten im Interesse des Sponsors. Zweitens liegt die Finanzierung einer „Grundlast" auch nicht im Interesse des Gesponserten, denn er würde sich in eine Abhängigkeit durch den Sponsor begeben, die nicht ungefährlich ist. Ein Einstellen der Unterstützung – etwa bei zurückgehendem Umsatz des Unternehmens – würde sofort die Einrichtung gefährden.

Faustregel: Sponsoring ist nur für zeitlich befristete Projekte geeignet: Eine große Aktion, eine überschaubare Kampagne, ein herausragender „Event". Wenn Sie mit dem Sponsor gut zusammenarbeiten, ergibt sich daraus vielleicht eine punktuelle Partnerschaft über mehrere Jahre. Aber mehr sollten Sie nicht kalkulieren, um die Zahl der Unwägbarkeiten so gering wie möglich zu halten und weder sich selbst noch Ihren Sponsor zu überfordern.

■ Woran der Sponsor interessiert sein wird: Sie sollten mit dem, was Sie als Einrichtung oder Gemeinde tun, öffentlich bereits bekannt sein. Wenn Sie das (noch) nicht sind, sollten Sie wenigstens überzeugend darstellen können, daß Ihr Projekt, für das Sie um Unterstützung werben, ein breites Interesse finden wird – vor allem in den Medien. Und Sie müssen darlegen können, daß Sie ein verläßlicher Partner sind, der das Sponsoring-Projekt professionell durchführt und die dazugehörende Medienarbeit beherrscht. Denn der Sponsor liefert sich mit seinem Ruf ein Stück weit Ihrer Arbeit aus: Erleiden Sie mit Ihrem Projekt Schiffbruch oder bringt die öffentliche Resonanz darauf nicht das erhoffte Ergebnis, ist auch für den Sponsor der Imagegewinn kleiner oder schlägt sogar in einen Image-Verlust um. Und das wollen weder Sie noch er. Beispiel aus dem Sport-Sponsoring: Der Steuer-Skandal um Steffi Graf, in dessen Folge sich der Sponsor Opel zurückgezogen hat.

■ Zeitrahmen: Ein Sponsoring-Verhältnis einzuleiten, braucht Zeit. Große Unternehmen planen ihre Werbe-Budgets im Herbst eines Jahres für das kommende Jahr. Ein Unternehmen entscheidet sich auch nicht von heute auf morgen für eine Sponsoring-Maßnahme, sondern prüft das Projekt und die gesponserte Einrichtung genau. Außerdem werden auch in Ihrer Einrichtung von der Idee, Sponsoren zu suchen, bis zur überzeugenden Projekt-Präsentation einige Monate ins Land ziehen. Kalkulieren Sie also 9 bis 15 Monate als Vorlaufphase ein. Wenn Sie schneller Geld brauchen, ist Sponsorship keine geeignete Maßnahme.

• *Sponsoring praktisch: Schritte der Umsetzung*

Erste Phase: Vorprüfung

Wenn Sie nach einer vorläufigen Prüfung der Rahmenbedingungen Sponsoring grundsätzlich für einen realistischen Finanzierungsweg Ihres Projekts halten, sollten Sie in einem ersten Schritt alle Vorüberlegungen noch einmal bündeln und schriftlich festhalten. Fragen, die Sie dabei für sich beantworten sollten:

- Was ist Ziel des Projekts, welches ist die Zielgruppe?
- Wird sich die Öffentlichkeit dafür interessieren?
- Welchen Finanzaufwand bringt das Projekt mit sich? Welche Finanzierungsquellen haben wir möglicherweise? Welchen Betrag müßten Sponsoren einbringen, damit das Projekt zustandekommen kann? Sind Sponsoren möglicherweise auch im Hinblick auf Sachleistungen oder personale Unterstützung (Know-how) interessant?
- Welche Gegenleistung könnten wir einem Sponsor für seine Unterstützung bieten?
- Welchen Zeitrahmen haben wir für das Projekt? Haben wir genügend zeitlichen Vorlauf eingeplant?
- Ist die Leiterin oder der Leiter des Projekts beziehungsweise der Einrichtung bereit, für ein eventuell zustande kommendes Sponsoring-Verhältnis die Verantwortung zu übernehmen, auch wenn dies zusätzliche Arbeit bedeutet?

Wenn Sie sich nach Prüfung dieser Fragen entschieden haben, es mit „Sponsoring“ zu versuchen, überlegen Sie jetzt, ob Sie die Sponsoren auf eigene Initiative akquirieren wollen oder ob Sie mit einer Agentur zusammenarbeiten möchten. Die Arbeit einer Agentur ist natürlich nicht kostenlos: Ein Tagessatz um die 2.000 Mark ist für eine Fachberatung eine übliche Größenordnung. Beim Akquirieren von Sponsoren für ein Projekt verbleiben rund 15 Prozent der eingenommen Gelder bei der Agentur. Dennoch kann sich die Zusammenarbeit mit einer Agentur lohnen, vor allem, wenn es um höhere Summen geht.[27]

Im übrigen: Fragen kostet nichts, und wenn Ihre Einrichtung oder Ihr Projekt einer Agentur interessant erscheint, ist sie ja vielleicht auch zu einer günstigeren oder kostenlosen Unterstützung bereit. Denn immerhin ist das Feld „Kirche“ für Agenturen immer noch Neuland, und in diesem Feld Erfahrungen zu sammeln, kann für Berater darum auch ohne großes Honorar gewinnbringend sein.

Zweite Phase: Projektskizze

Wenn Sie Ihr Projekt auf eigene Faust realisieren wollen (was für die meisten kleineren Projekte wahrscheinlich realistisch ist), konzipieren Sie eine vorläufige Präsentation für potentielle Sponsoren.

---

27 Übersicht über Agenturen, ausführliche Literaturliste und Arbeitshilfen zum Thema Fundraising: Bundesarbeitsgemeinschaft Sozialmarketing e.V. (BSM), Mozartstraße 11, 61440 Oberursel, Tel.: 06171/581010, Fax: 06171/581011.

Beantworten Sie darin so kurz und so übersichtlich wie möglich folgende Fragen (die Sie für sich selbst ja schon in Phase 1 geklärt haben) – und halten Sie sich dabei vor Augen, daß sich Ihr Leser in der Regel nur wenige Minuten Zeit nehmen wird, Ihre Projektskizze einer (ersten) Prüfung zu unterziehen:[28]

- Was ist das Problem, zu dessen Lösung Sie mit Ihrem Projekt beitragen?
- Was ist das Neue an Ihrer Lösung?
- Welche Zielgruppe sprechen Sie mit Ihrem Projekt an?
- Wie sprechen Sie diese Zielgruppe an?
- Welche Einzelmaßnahmen planen Sie konkret (Überblick)?
- Wie ist der Zeitrahmen Ihres Projekts?
- Welchen Finanzbedarf wollen Sie durch Sponsoren decken? Welche Sachleistungen oder Kompetenzen wollen Sie durch Sponsoren einwerben?
- Wichtigste Frage: Was bieten Sie dem Hauptsponsor und eventuellen Cosponsoren als „Kommunikationsleistung"?

Mögliche Formen:
- Abdruck des Logos auf Einladungen, Briefen, Eintrittskarten, Plakaten
- Präsenz auf Veranstaltungen Ihres Projekts durch eigenen Stand
- Präsenz bei Pressegesprächen im Umfeld des Projekts
- Duldung der Werbung mit Ihrem Namen in Werbeträgern des Sponsors

- Ergänzend: Kurzdarstellung Ihrer Einrichtung und bisheriger Erfahrungen mit vergleichbaren Projekten.
- Eventuell Presseberichte über Ihre Einrichtung oder auch über Ihr Projekt, sofern Sie es schon der Öffentlichkeit vorgestellt haben.

Diese Konzeption ist erst einmal vorläufig. Sie sollten Sie später auf Ihren konkreten Ansprechpartner hin fokussieren. Vom Umfang her sollte sie vier locker beschriebene Seiten nicht überschreiten.

Dritte Phase: Sponsoren-Suche

Sponsor und gesponsertes Projekt sollten in einem „stimmigen Verhältnis" zueinander stehen. Das heißt: Nicht nur die Zielgruppen sollten in etwa übereinstimmen, sondern auch die „Philosophie" und der Ruf des Unternehmens sollte den Zielen Ihrer Einrichtung nicht widersprechen. Denn der „Image-Transfer" ereignet sich in beide Richtungen: Eine Umwelt- oder Menschenrechtsorganisation, die sich von Shell sponsern ließe, würde (nach dem Kampf um die Ölplattform Brent Spar und das vielkritisierte Shell-Engagement in Nigeria) sicherlich unglaubwürdig werden. Es kann auch problematisch sein, als Kirche auf der einen Seite für den Erhalt von Arbeitsplätzen zu streiten, und sich auf der anderen Seite via Sponsoring an einen Betrieb zu binden, der eine besonders rücksichtslose Personalpolitik betreibt.

28 Zur Präsentation vgl. auch das Kapitel „Tips zur Präsentation eines Spendenprojekts".

Insofern ist es sinnvoll, ethische Kriterien für die Auswahl eines Sponsors festzuhalten, bevor man Firmen konkret anspricht. Für kirchliche Einrichtungen können sich solche Ethik-Kriterien zum Beispiel an den Zielen des „Konziliaren Prozesses für Gerechtigkeit, Frieden und Bewahrung der Schöpfung" orientieren. Sie sollten auch den Umgang eines Unternehmens mit seinen eigenen Mitarbeitern nicht aus dem Auge lassen. Ihr Leitinteresse bei der Festlegung von Ethik-Kriterien sollte sein, möglichen Schaden von Ihrer Einrichtung fernzuhalten, der aus einem schlechten Image Ihres Sponsors resultieren könnte.

Allerdings sollte man auch nicht der Illusion erliegen, den „Ideal-Sponsor mit der weißen Weste" zu finden, der uneigennützig die Ziele einer wohltätigen Einrichtung unterstützt. Sie wollen Geld vom Sponsor – der Sponsor sucht dafür eine Imageaufwertung durch Sie: Das ist das Geschäft auf Gegenseitigkeit, und je klarer die Risiken und die Erwartungen sind, desto besser für beide Partner.

Wie findet man nun passende Sponsoren?
Leitkriterium ist: Welcher Betrieb hat Interesse an der Zielgruppe, die Sie über Ihre Einrichtung oder Ihr Projekt schon ansprechen?

Diese Frage grenzt die Vielzahl potentieller Sponsoren in zweierlei Hinsicht ein:

- ■ in lokaler Hinsicht: Sponsoren, deren Geschäftsfeld dort liegt, wo Sie als Kirchengemeinde oder kirchliche Einrichtung arbeiten, haben ein höheres Interesse an Ihnen als landesweit oder weltweit operierende Unternehmen. Außerdem haben Sie bei lokalen Unternehmen weniger Konkurrenz bei der Suche nach Sponsoren.
- ■ in inhaltlicher Hinsicht: Je nachdem, ob sich Ihr Projekt an die Zielgruppe Kinder, Jugend oder Senioren wendet, können unterschiedliche Geschäfte und Betriebe als Kooperationspartner in Frage kommen. Wenn ein örtliches kirchliches Jugendreferat für eine Plakataktion unter dem Motto „Keine Gewalt gegen Fremde" einen Sponsor sucht, werden bestimmte Plattenläden, Sportgeschäfte oder eine an jungen Kunden interessierte Bank als Unterstützer in Frage kommen. Reformhäuser dagegen eignen sich eher als Sponsoren der „Senioren-Kontaktbörse".

Quellen für in Frage kommende Adressen sind:

- ■ die gelben Seiten: Sie geben den besten Überblick über lokale Anbieter für bestimmte Produkte und damit Zielgruppen,
- ■ Verkaufsprospekte/ Zeitungsbeilagen: Dort findet man verschiedene Marken und Hersteller eines Produkts, das für die Zielgruppe interessant ist,
- ■ Zielgruppenspezifische Medien, etwa Jugendzeitungen, enthalten Inserate. Die Inserenten kommen vielleicht auch für ein Sponsoring in Frage,
- ■ lokale Zeitungen und Medien wie Jubiläumsfestschriften: Auch hier inserieren Geschäftsleute mit lokaler Anbindung, die vielleicht der Werbeform „Sponsoring" nicht abgeneigt sind.

■ die beste Quelle: Kontakte zur lokalen Geschäftswelt, die Sie bereits haben. Wen kennen Sie aus anderen Zusammenhängen, wer hat mit Ihnen gute Erfahrungen gemacht, wen können Sie sich als Sponsor vorstellen?

Das Ergebnis Ihrer Recherche besteht vielleicht aus 20 bis 50 potentiellen Sponsoren, deren Adressen sie als nächstes recherchieren müssen. Dann gilt es herauszufinden, wer in den Betrieben für Sie der richtige Ansprechpartner ist. In kleineren Unternehmen ist dies der Geschäftsführer oder die Geschäftsführerin, in größeren der Leiter der Marketing-Abteilung oder die Leiterin der Öffentlichkeitsarbeit. Es erhöht Ihre Chancen, wenn Sie Ihre Projekt-Beschreibung mit einem persönlichen Anschreiben an den zuständigen Menschen versehen. In der Regel finden Sie den richtigen Ansprechpartner am schnellsten per Telefon heraus.

Wenn Sie den Namen des Verantwortlichen in der Zentrale des Unternehmens erfragen, kann es natürlich passieren, daß Sie auch direkt durchgestellt werden. Damit Sie in dieser Situation das Notwendige sagen, um sich nicht von vorneherein ein „Nein" einzuhandeln, sollten Sie sich ein „Telefon-Skript" machen, das heißt, die wichtigsten „Verkaufsargumente" in Stichworten festhalten. Gesprächsergebnis sollte sein, daß Ihr Gegenüber sich einverstanden erklärt, Ihr schriftliches Exposé anzusehen. Das sollten Sie ihm dann am selben Tag zusenden.

Das Exposé, die Projekt-Skizze, haben Sie ja bereits fertig. Ergänzen Sie sie noch durch zwei Sätze, die erkennen lassen, daß Sie genau das von Ihnen angeschriebene Unternehmen mit seiner spezifischen Produktpalette vor Augen haben. Machen Sie, wenn Sie einen Hauptsponsor und mehrere Co-Sponsoren suchen, auch ganz deutlich, was der Hauptsponsor an „Mehr" erwarten kann. Und nennen Sie die Preise für die verschiedenen Stufen der Unterstützung. Kurz: Legen Sie mit der Skizze alle Verkaufsargumente auf den Tisch, so daß sich der Leser ein umfassendes Bild von der möglichen Zusammenarbeit mit Ihnen machen kann.[29]

Rund zehn Tage nach Übersendung des Konzepts können Sie bei dem oder der Verantwortlichen noch einmal nachhören, ob Ihr Projekt dort grundsätzlich auf Interesse gestoßen ist und wie das weitere Vorgehen ist. Meistens werden Sie eine Ablehnung bekommen, und wenn Sie höflich nach den Gründen des „Nein" fragen, können Sie daraus etwas für künftige Projekte lernen. Möglicherweise erfahren Sie, daß Ihr Ansinnen weiter geprüft wird, der Vorstand das Projekt unter die Lupe nimmt und Sie in vier Wochen Bescheid bekommen. Dann heißt es: erst mal warten. Möglicherweise bekommen Sie auch direkt einen Gesprächs-

29 Quelle für das Modell Hauptsponsor-Cosponsoren: Ausführungen von Irmgard Nolte, Agentur „Neues Handeln", bei einem Seminar der Evangelischen Kirche im Rheinland zum Thema „Fundraising" im Düsseldorfer Film-, Funk- und Fernsehzentrum 1996. „Neues Handeln" hat mit diesem Modell mehrmals Sponsoren für den Kölner Weltkindertag akquiriert.

termin, um weitere Einzelheiten zu besprechen. Dann haben Sie gute Chancen, tatsächlich zum Erfolg zu kommen. Auf dieses Gespräch sollten Sie sich gut vorbereiten.

Vierte Phase: Verhandlung und Vertrag mit einem Sponsor
Eine solche Verhandlung hat zunächst den Sinn, daß sich Sponsor und Gesponserte in Ruhe kennenlernen und Vertrauen zueinander fassen. Denn in einem so sensiblen Feld wie der Sorge um das eigene „Image" läßt sich nicht alles vertraglich festschreiben. Es muß schon eine grundsätzliche Übereinstimmung über die Ziele der Zusammenarbeit herrschen, sonst wird die ganze Sache zum Spießrutenlauf.

Zum zweiten dient die Verhandlung dem Sponsor noch einmal dazu, die Professionalität Ihres Angebots zu testen. Haben Sie die begleitende Medienarbeit im Griff? Können Sie eine Gewähr dafür übernehmen, daß der Sponsor auch angemessen vorkommt? Ist die Kalkulation realistisch? Das will der Geldgeber wissen. Und ihn interessiert natürlich vor allem, wie Sie Ihr Projekt konkret umsetzen und wie er als Sponsor darin vorkommen kann. Nur wenn er den Eindruck hat, daß Sie diese Fragen geklärt haben und Ihr Konzept auch funktioniert, wird er sich mit Ihnen einlassen.

Sie sollten Ihrerseits natürlich auch Wünsche und Grenzen formulieren.

Dabei können Ethik-Kriterien durchaus Bestandteil eines Vertragsgesprächs sein. Klaus Schuhmacher, Referent für Presse und Öffentlichkeitsarbeit der evangelischen Behinderten-Einrichtung Wittekindshof in Bad Oeynhausen, hat zum Beispiel folgende Bereiche als „Tabus" für das Engagement von Sponsoren festgehalten:

(a) Klischees von Elend und Mitleid (...) haben im Rahmen heutiger Kommunikation keinen Platz.
(b) Die Unverletzlichkeit der Menschenwürde ist oberstes Gebot. Das heißt dann auch, daß Einzelschicksale von Bewohnerinnen und Bewohnern tabu sind.
(c) Wir haben als Gegenleistung (...) keine glücklichen Gesichter auf Bestellung zu bieten.
(d) Bewohner und Mitarbeiter stehen nicht als Werbeträger zur Verfügung.
(e) Formen aktiver Verkaufsförderung kann es nicht geben.
(f) Entscheidungskompetenzen hinsichtlich der Durchführung der Arbeit sind unveräußerlich.[30]

Wer solche deutlichen Grenzen zieht, sollte allerdings nicht versäumen, die tatsächlich erbrachte Gegenleistung genauso deutlich zu beschreiben – sonst provoziert man beim Gesprächspartner die Befürchtung, daß der Gesponserte

30 Quelle: Verband evangelischer Einrichtungen für Menschen mit geistiger und seelischer Behinderung e.V.: Social-Sponsoring – Zauberwort der 90er Jahre? Reutlingen 1993.

zwar das Geld nimmt, ansonsten aber in Ruhe gelassen werden will. Werden Leistung, Gegenleistung und Grenzen gleichermaßen offen besprochen, hilft dies, Mißverständnisse und Konflikte im Vorfeld weitgehend auszuräumen. Dann steht einer fruchtbaren Zusammenarbeit eigentlich nichts mehr im Wege.

Sind die finanziellen Fragen, der Zeitablauf und die Fragen der Öffentlichkeitsarbeit geklärt, sollten Sie diese Punkte in einem kurzen Vertrag festhalten. Er sollte die Projektskizze ebenso wie mündliche Zusatzvereinbarungen enthalten.

Fünfte Phase: Durchführung

In der Phase der Projektrealisierung sollten Sie daran denken, regelmäßig Kontakt zu Ihrem Sponsor zu halten. Nur wenn Sie ihn in alle Veränderungen gegenüber der Planung rechtzeitig mit einbeziehen, vermeiden Sie, daß er sich übergangen vorkommt. Vor allem sollten Sie alle Vereinbarungen genau einhalten und die vereinbarte „Kommunikationsleistung" wirklich erbringen.

Sechste Phase: Feedback

Ist das Projekt (hoffentlich) erfolgreich abgewickelt, sollten Sie mit Ihrem Sponsor noch einmal Kontakt aufnehmen. Bei guter Zusammenarbeit gebührt ihm sicherlich ein Dank für die Unterstützung. Ein Pressespiegel, der die Medienresonanz der Aktion festhält, dokumentiert auch die Wirksamkeit seines Auftretens. Im übrigen bietet sich vielleicht auch ein persönliches Bilanzgespräch an.

Ein Feedback richten Sie selbstverständlich auch nach innen: War der Gewinn an Finanz- oder Sachmitteln durch den oder die Sponsoren den Zeitaufwand wert? Hat die Arbeit an der Projekt-Skizze vielleicht über die akquirierten Sponsoren-Gelder hinaus einen Gewinn an Planungssicherheit gebracht? Gab es in der Zusammenarbeit mit dem Sponsor Irritationen? Wer hatte sie zu verantworten und wie lassen sie sich künftig vermeiden?

Ist alles gut gelaufen, schließt sich bei einem Folgeprojekt ja vielleicht ein erneutes Sponsorship desselben Unternehmens an.

Checkliste Sponsoren-Suche

- Phase 1 (Vorprüfung): Ist Sponsoring der richtige Weg – oder sind andere Fundraising-Instrumente effektiver?
- Phase 2 (Projektskizze): Was können Sie einem Sponsor anbieten – und was erwarten Sie?
- Phase 3 (Adressenrecherche): Welche Firmen/Unternehmen haben an „Ihrer" Zielgruppe ebenfalls Interesse?
- Phase 4 (Verhandlungen): Klären Sie die praktischen Bedingungen Ihres Vertragsverhältnisses.
- Phase 5 (Durchführung des Projekts): Erbringen Sie die versprochene Kommunikationsleistung.
- Phase 6 (Feedback): Analysieren Sie rückblickend Nutzen und Schwierigkeiten des Sponsorships.

- *Steuerliche Aspekte*

Sponsoring ist - anders als die Spende - ein Geschäft, bei dem unter Umständen zu versteuernde Einnahmen entstehen. Das hat steuerliche Folgen.[31]

Für die Einrichtung, die sich sponsern läßt, heißt das: Sie muß Abgaben für die Einnahmen zahlen - Körperschaftssteuer, Gewerbesteuer, Umsatzsteuer. Alle wirtschaftlichen Betätigungen eines gemeinnützigen Rechtsträgers werden zu einem „wirtschaftlichen Geschäftsbetrieb" (nach Paragraph 14 der Abgabenordnung) zusammengefaßt. Dazu zählen Einnahmen aus Festen, aus Verkäufen gesammelter oder gespendeter Dinge, Raumvermietungen und eben auch unter Umständen aus Sponsoring. Nach derzeitiger Rechtsprechung gilt für Einnahmen aus einem wirtschaftlichen Geschäftsbetrieb eine Freigrenze von 60.000 Mark auf Gewerbe- und Körperschaftssteuer. Der Umsatzsteuerpflicht unterliegt eine Einrichtung, wenn sie Brutto-Einnahmen von mehr als 25.000 Mark pro Jahr hat.

Wenn die Einnahmen aus Sponsoring die Größenordnung der Freibeträge überschreiten, sollten Sie prüfen, ob sich Modelle finden lassen, die das Entstehen eines wirtschaftlichen Geschäftsbetriebs und die damit verbundenen hohen Körperschaftssteuern ausschließen. Dazu gibt es mehrere Möglichkeiten.

Wenn der Gesponserte bei der Sponsoring-Aktion nicht selber aktiv wird, sondern nur die Nutzung seines Namens durch den Sponsor „duldet", liegt kein wirtschaftlicher Geschäftsbetrieb, sondern eine „Vermögensverwaltung" vor. Das heißt dann aber wirklich, daß der Gesponserte keine aktive Werbeleistung vertraglich festhalten oder erbringen darf, sondern lediglich erlaubt, daß der Sponsor seinen Namen „benutzt". Diese Variante erlaubt dem Sponsor umgekehrt durchaus, die Kosten seinerseits als Betriebsausgabe von der Steuer abzusetzen, was für ihn natürlich wichtig ist.

Eine darüber hinaus gehende Möglichkeit ist, daß der Sponsor Mitglied der unterstützten Organisation wird und den Sponsor-Betrag als „Beitrag" zuwendet. Diese Zuwendung würde dann für die Einrichtung als Einnahme „im ideellen Bereich" gelten, was „steuerunschädlich" ist. Wenn die Satzung erlaubt, daß Mitglieder die Namens- und eventuell Bildrechte zur Werbung einsetzen können - also wiederum von Seiten des Gesponserten aus nur eine passive Duldung von „Eingriffen in Rechtspositionen", keine aktive Unterstützung des Sponsors -, wäre der Gesponserte auf der sicheren Seite. Allerdings müßte der Sponsor in diesem Fall klären, ob das Finanzamt die Beitragszahlung als Betriebsausgabe anerkennt.

Im Falle von ernst zu nehmenden Einnahmen aus Sponsoring sollten Sie sich in jedem Fall den Rat eines Steuerberaters holen, um nicht eine unangenehme

31 Vgl. zum Folgenden unter anderem: Bruhn/Mellinger, Rechtliche Gestaltung des Sponsoring, Band 2, München 1994, S. 132ff; Kirstin Schiewe, Sozial-Sponsoring, Freiburg 1995, S. 59ff.; Michael Hagemann, Spende versus Sponsoring, Fachschriften der BSM (Heft 11), Bietigheim-Bissingen 1997.

Überraschung zu erleben. Denn der ganze Bereich des „Sponsoring" ist auch in steuerlicher Hinsicht noch Neuland, und im Hinblick auf aktuelle Entwicklungen und Urteile auf dem neuesten Stand zu bleiben, ist ohne Expertenhilfe kaum möglich.

• *Tips zum Umgang mit den Medien im Umfeld einer Sponsor-Aktion*

Die Medien sind der ganz wichtige „dritte Partner" des Sponsorings. Denn der Werbeeffekt der Sponsoring-Maßnahme für den Sponsor basiert ja darauf, daß seine Unterstützung auch durch die Medien publik gemacht wird. Die Frage ist, ob der Sponsor selbst sein Engagement veröffentlicht, oder ob dies Sache des Gesponserten ist. Hier ist eine genaue Absprache notwendig und gegebenfalls vertraglich festzuhalten.

Ist die Einbeziehung der Medien Sache des Empfängers von Sponsoring-Geldern, sollte er wissen, was im Hinblick auf die Presse machbar ist und was nicht. So ist es sinnvoll und realistisch, den Hauptsponsor zu wichtigen Pressegesprächen miteinzuladen. Man kann auch damit rechnen, daß bei entsprechender Vorbereitung das Logo dieses Sponsors dann auch einmal auf einem Zeitungsfoto auftaucht. Eine Garantie für die Erwähnung seines Engagements kann man aber sicherlich nicht geben – und das gilt erst recht für eventuelle Co-Sponsoren, die man auch nicht zu jedem Pressegespräch einladen kann.

Die Mitarbeiterinnen und Mitarbeiter von Zeitungen und elektronischen Medien, die über Ihr Projekt berichten, lassen sich in der Regel nicht darauf ein, alle Geldgeber auch in Artikeln und Rundfunk-Beiträgen zu erwähnen. Denn erstens ist das für die Leser, Zuschauer und Hörer nur mäßig interessant, zweitens sollen die Firmen ja bezahlten Anzeigen- und Werberaum in den Medien kaufen und nicht kostenlos im redaktionellen Teil für sich werben können.

Insofern überlegen Sie vorher sorgfältig,

- wie Sie das Engagement der Sponsoren in die Medien bringen wollen (Beteiligung an Pressegesprächen, Logo taucht auf Fotomotiven auf etc.),
- was Sie dem Hauptsponsor und den Co-Sponsoren an Medienpräsenz versprechen – und was Sie nicht versprechen können,
- inwieweit die Sponsoren sich über Ihre Organe (Pressestellen) nicht an der Medienarbeit beteiligen können und Sie den Gebrauch Ihres Namens dann „dulden" (passive Beteiligung).

Sicherlich erleichtert es die beabsichtigte Präsenz des Sponsors auch in der Medienberichterstattung über das gesponserte Projekt, wenn Sie im Vorfeld mit Ihnen bekannten Redakteuren gesprochen und Ihnen erläutert haben, wie essentiell der finanzielle Beitrag Ihres Sponsors für das Zustandekommen des Projekts insgesamt war. Im übrigen besteht der Nutzen für den Sponsor natürlich nicht nur darin, daß er in Medienberichten erwähnt wird. Seine Präsenz hat ja weitere

Facetten, die er und Sie selbst in der Hand haben, vom Sponsor-Logo auf den Plakaten bis zur Erwähnung seines Engagements in der hausinternen Mitarbeiterzeitung, die der Sponsor herausgibt.

• *Beispiele: Kummer-Nummer, Verein Sozialsponsoring*

Ein Beispiel für ein Sponsorship, das in ähnlicher Form auch im kirchlichen Raum zu realisieren wäre, ist die Unterstützung des „Kinder- und Jugendtelefons des Kinderschutzbundes" durch den Konzern C&A.[32] Eine Kooperation, die sich auf die vergleichbare Funktion der von den Kirchen betriebenen Telefon-Seelsorge übertragen ließe.

Weil der Organisation das Geld fehlte, für die eigene Arbeit Werbung zu machen, sie aber andererseits ohne eine qualifizierte flankierende Öffentlichkeitsarbeit ihre Zielgruppe – Kinder und Jugendliche – nicht gut ansprechen konnte, trat sie im Jahr 1990 an die Kölner Agentur „Neues Handeln" heran, um hier Abhilfe zu schaffen.[33]

Die Agentur arbeitete mit den Verantwortlichen an einem „Image" für die Einrichtung: „Die Nummer gegen Kummer" – unter diesem Slogan wurden nun alle bundesweit 50 Telefone auf diesselbe Nummer eingestellt. Es wurden passend zum neuen Motto Plakate graphisch ansprechend gestaltet – sie sollten bundesweit für das Telefon werben. Dann erstellte die Agentur einen Kostenplan für die Werbemaßnahmen und machte sich auf die Suche nach einem Sponsor für die Werbekampagne. Fündig wurde sie bei C&A: Das Bekleidungsunternehmen beteiligte sich mit einem sechsstelligen Betrag an den Werbekosten, im Gegenzug ist es auf Plakaten und anderen Drucksachen mit einem Logo und dem Satz „Ermöglicht durch C&A" vertreten. Das Plakat wurde bundesweit in Bussen und Bahnen geklebt, Info-Material wurde in Schulen und Büchereien verteilt, 200 Redaktionen wurden über die Zusammenarbeit informiert. Das Resultat: Eine Zunahme der Anrufe von Kindern bei den bestehenden Telefonen um bis zu 300 Prozent und eine enorme bundesweite Medienresonanz. C&A entschloß sich daraufhin, die Unterstützung fortzusetzen.

Verein „Sozial-Sponsoring Aachen"
Eine andere Idee hat in Aachen viele Anhänger gefunden: Ein Verein „Sozialsponsoring Aachen e.V." vergibt an Firmen, die mindestens 500 Mark im Jahr für bestimmte gemeinnützige Projekte geben, ein „Gütesiegel", das den Geschäftsleuten bestätigt, „Sozialsponsor in Aachen" zu sein. Dieses Gütesiegel können sie werbewirksam verwenden (Aufkleber im Schaufenster) und den Kunden so dokumentieren, daß sie ein gutes Werk tun. Die Einnahmen – im Jahr 1996 rund 100.000 Mark, die von 65 Unternehmen aufgebracht wurden – wer-

32 Dokumentiert in: Kirstin Schiewe, Sozial-Sponsoring, Ein Ratgeber, Freiburg 1995, S. 31ff.
33 „Neues Handeln GmbH", Theodor-Heuss-Ring 52, 50668 Köln, Tel.: 0221/133066, Fax: 0221/137959.

den unter 13 Aachener Einrichtungen verteilt, von der AIDS-Hilfe bis zum Kinderschutzbund. Zu den Firmen, die das „Gütesiegel“ erwerben, gehört eine Kfz-Werkstatt genauso wie eine Gaststätte oder ein Pflegedienst. Von den Einnahmen profitieren unter anderem die Beratungsstelle „Pro Familia“, der „Notruf für vergewaltigte Frauen und Mädchen“ und die „Drogenhilfe Aachen“.[34]

Unterstützt wird der Verein dabei nicht nur von einer großen Aachener Tageszeitung, die über die unterstützten Sozialeinrichtungen wie auch über die unterstützenden Unternehmen ausführlich berichtet, sondern auch von zahlreichen prominenten Aachener Politikern und Personen des öffentlichen Lebens.

34 Verein für Sozialsponsoring e.V., Adalbertsteinweg 123b, 52062 Aachen, Tel.: 0241/508094.

Öffentliche Mittel und Stiftungen nutzen

Öffentliche Mittel sind für kirchliche Einrichtungen in zweifacher Hinsicht die wichtigste Finanzierungsquelle. Zum einen sind die Kirchensteuern „öffentliche Mittel", denn die Kirchen sind Körperschaften des Öffentlichen Rechts. Zum zweiten werden viele Aufgaben der Kirche von Bund, Ländern und Gemeinden refinanziert oder gefördert, denn die Kirche nimmt – gemäß dem Subsidiaritätsprinzip – Aufgaben des Staates wahr.

Nun ist es nicht nur Sache der öffentlichen Hand zu bestimmen, was aus Steuermitteln bezahlt wird oder nicht – es liegt auch in der Verantwortung der „Anbieter" sozialer Leistungen, die Projekte so zu formen und darzustellen, daß sie in das Förderungsprofil einer öffentlichen Institution passen. Auch hier gelten Marktgesetze – und der erste Schritt für jemanden, der an diesem Markt bestehen will, ist, ihn erst einmal mit seinen Eigenheiten genau zu studieren.

Neben den klassischen öffentlichen Mitteln gibt es aber noch weitere Finanzquellen, die Sie bemühen können. Dazu gehören Stiftungen, die möglicherweise als Förderer in Frage kommen, Bußgelder, die Ihnen zugesprochen werden, sowie – nicht zu vergessen – Mittel anderer kirchlicher Ebenen.[35]

• *Welche Stellen kommen als staatliche Förderer in Frage?*

Um den Dschungel der möglicherweise interessanten Ämter und Einrichtungen zu lichten, ist es hilfreich, sich erst einmal die *Ebenen* staatlicher Förderung vor Augen zu halten: Gefördert werden Projekte durch die Kommunen, durch die Länder, durch den Bund und durch EU-Mittel.

Die Kommunen oder das Land sind meistens für dauerhafte Förderung zuständig, weil die Gesetze diesen Ebenen bestimmte Aufgaben übertragen, die sie – mit Hilfe freier Träger – dann erfüllen (müssen). Beispiel: die Versorgung mit Kindergartenplätzen. Bund und Europäische Union fördern über bestimmte Programme eher modellhafte und zeitlich befristete Projekte.

Der zweite Gliederungsgesichtspunkt ist das richtige *Ressort*. Ist das Jugendamt zuständig oder das Sozialamt, der Landschaftsverband oder vielleicht ein Bundesamt? Anhaltspunkt: Wo der inhaltliche Schwerpunkt der Arbeit liegt, ist auch das zuständige Ressort zu suchen. Welche „Ebene" richtig ist, hängt auch davon ab, woher die Teilnehmer der geförderten Maßnahme kommen: Für ein grenzübergreifendes Seniorenprojekt sind europäische Stellen ansprechbar, für ein kommunales Jugend-Festival das Jugendamt der Stadt. Sind Arbeitsbereiche ressortübergreifend, ist es sinnvoll, einen Schwerpunkt zu benennen.

---

35 Gute weiterführende Hinweise zum Folgenden gibt Diethelm Damm in: Kursbuch Fundraising (Hg. cash coop Hessen u.a.), Berlin 1994, S. 103ff.

• *Was und wie wird finanziert?*

Finanzierungen durch die öffentliche Hand beziehen sich immer auf eine Institution als ganze oder auf ein Projekt. Die *institutionelle Förderung* wird gewährt, wenn die Arbeit eine bedeutsame Daueraufgabe darstellt und bezieht sich auf die Gesamtheit aller Kosten (Personal-, Sach- und Investitionskosten). Bevor die öffentliche Hand zuschießt, müssen alle Einnahmen zur Kostendeckung verwendet werden. Wofür die Mittel verwendet werden, ist genau mit dem Fördergeber abzustimmen, Haushalts- und Stellenpläne müssen geprüft und genehmigt werden.

Bei der *Projektförderung* werden zeitlich und inhaltlich begrenzte Einzelmaßnahmen unterstützt, wie Begegnungsmaßnahmen, Ausstellungen oder eine Ausbildungsmaßnahme. Eine Anschlußfinanzierung gibt es dabei in der Regel nicht.

Auch wie sich die Finanzierung konkret gestaltet, unterscheidet sich von Fall zu Fall. Es kann sich um eine *Vollfinanzierung* handeln, wobei immer Einnahmen und Drittmittel abzuziehen sind und in der Regel ein Höchstbetrag benannt wird.

Immer häufiger ist eine *Teilfinanzierung* – mehrere Träger teilen sich dann die Finanzierung einer Stelle. Beispiel: Eine Kommune und eine evangelische Kirchengemeinde teilen sich die Finanzierung der Stelle einer Flüchtlingsberaterin. Allerdings gilt ein Kumulationsverbot, welches besagt, daß dieselbe Arbeit nicht durch mehrere Stellen einer Ebene gefördert werden kann (also: kein Geld vom Jugend- und vom Kulturamt der Stadt für ein Projekt, wohl aber vom Jugendamt der Stadt und vom Kultusministerium des Landes).

Bei der Teilfinanzierung ist eine *Anteilsfinanzierung* möglich, die sich in Prozenten am gesamten Finanzbedarf bemißt, eine *Fehlbetragsfinanzierung* (Kosten minus Eigen- und Drittmittel), oder eine *Festbetragsfinanzierung* (bestimmter Satz etwa pro Teilnehmer und Tag).

Die Mittelgewährung ist immer an Auflagen gebunden, die im *Bewilligungsbescheid* beschrieben werden. Wer sich nicht an die Auflagen hält, riskiert Mittelrückforderungen. Der Bewilligungsbescheid legt auch fest, bei welcher Stelle der *Verwendungsnachweis* zu erbringen ist, und in welchem Zeitraum er vorzuliegen hat. Außerdem resultieren gewisse Pflichten aus der Mittelentgegennahme, etwa eine Inventarisierungs- und eine Belegpflicht.

• *Was ist bei der Suche nach Förderstellen zu beachten?*

Der erste Schritt zur Förderung durch öffentliche Mittel ist die Recherche möglicherweise in Frage kommender Stellen und ihrer Möglichkeiten. Wer noch nicht recht weiß, welche Stellen „richtig“ sind, erkundigt sich bei Gemeinden, Einrichtungen oder Initiativen, die schon Fördererfahrung haben oder bei Mitarbeitern der kirchlichen Verwaltung, die über mehr „Durchblick“ verfügen. Oft haben auch lokale Politiker Ideen, welche Stelle für eine Projektförderung interessant sein könnte. Bei der Orientierung helfen auch Tätigkeitsberichte, in der öffentliche Stellen über bisherige Förderungen Rechenschaft ablegen.

Haben Sie eine möglicherweise zuständige Stelle ausfindig gemacht, sollten Sie sich zunächst die Richtlinien besorgen, nach denen sie fördert. Im Gespräch mit dem zuständigen Ansprechpartner klären Sie dann die Anwendung der Richtlinien und das weitere Vorgehen – besonders im Hinblick auf zu beachtende Antragsfristen.

Dann schreiben Sie den Förderantrag, wobei Sie sich an die Vorgaben der Stelle halten (Formulare). In der Regel sind unabdingbare Informationen jedoch

- Antragsteller, Ziele der Einrichtung, Leistungsumfang,
- bei einer angestrebten Projektförderung: Beschreibung des Problems, des Lösungskonzepts, des Zeitrahmens, eines Kosten- und Finanzierungsplans,
- bei einer institutionellen Förderung: Rechtsform der Einrichtung, Personalausstattung, Haushalts- und Stellenplan, Finanzbedarf und -deckung, Arbeits- und Investitionsplan, Vermögen und Schulden, Art der Buchführung und des Jahresabschlusses.

Es kann helfen, wenn Sie von sich aus kompetente (und von der Förderstelle als Fachleute anerkannte) Personen ausfindig machen, die durch ein Gutachten Ihren Antrag unterstützen.

Wann sind Förderanträge zu stellen?
Auch hier empfiehlt sich, bei der zuständigen Stelle direkt nachzufragen, denn die Vorlaufzeiten sind sehr unterschiedlich. Generell gilt jedoch, daß Haushaltsplanungen sehr frühzeitig beginnen – zum Teil über ein Jahr vorher. Grundsätzlich gilt die Regel: So lange wie möglich im vorhinein planen – sonst ist es möglicherweise für bestimmte Mittel zu spät.

• *Förderung durch das Arbeitsamt*

Eine für soziale Einrichtungen wichtige Förderquelle ist das Arbeitsamt mit seinen Arbeitsbeschaffungsmaßnahmen. Leider werden die ABM-Bedingungen immer schlechter, so daß der Anteil des Eigenbetrags der einstellenden Einrichtung inzwischen recht hoch ist – abhängig unter anderem von der Frage, wie lange die ABM-Kraft vorher arbeitslos war. Die Bedingungen verändern sich so schnell, daß es sinnvoll ist, den aktuellen Stand beim Arbeitsamt zu erfragen. Dort ist entsprechendes Informationsmaterial erhältlich.

• *Bußgelder*

Bestimmte Arten von Bußgeldern fließen nicht automatisch an die Staatskasse, sondern können von den Richtern gemeinnützigen Einrichtungen zugesprochen werden. Meistens steht die Tätigkeit dieser Einrichtungen im Zusammenhang mit dem Vergehen, das zu einem gerichtlichen Verfahren geführt hat. In Nordrhein-

Westfalen sind 1994 – nach Auskunft des Landesinnenministeriums – auf diesem Weg 25,6 Millionen Mark an solche Einrichtungen geflossen.

Kriterien für die Aufnahme in die Liste der geförderten Einrichtungen ist einzig die Gemeinnützigkeit. Wer also als „gemeinützig" anerkannt ist, kann beim entsprechenden Oberlandesgericht die Aufnahme in die Liste beantragen.

Welche Einrichtung aus der (langen!) alphabetisch geführten Liste aber nun mit den Einnahmen aus Bußgeldern bedacht wird oder ob das Bußgeld doch in die Staatskasse fließt, liegt im Ermessen des Richters oder der Richterin. Es ist darum sinnvoll, hier einen persönlichen Kontakt zu suchen und die Arbeitsweise der eigenen Einrichtung deutlich zu machen.

• *Befreiungen für kirchliche Einrichtungen*

Kirchliche Einrichtungen genießen Vergünstigungen bei einigen Gebühren – beispielsweise bei notariellen Beurkundungen oder bei Baugenehmigungen für kirchlich genutzte Gebäude. Gemeinden und Einrichtungen, die hier Abgaben zu leisten haben, sollten sich bei den eigenen Verwaltungen erkundigen, wie die genaue Regelung für das spezielle Vorhaben ist. Vorsicht: Nicht überall sind diese „Befreiungen" bekannt!

• *Förderung durch Stiftungen*

Grundsätzlich gibt es zwei Arten von Stiftungen: Operative Stiftungen, die die in ihrer Satzung festgelegten Zwecke durch eigene Unternehmungen verfolgen, kommen für eine Förderung externer Projekte in der Regel nicht in Frage. Daneben gibt es die große Zahl der Förderstiftungen, die Projekte auf Antrag bezuschussen, wenn sie die Richtlinien der Förderung erfüllen.

Einen Überblick über solche Stiftungen finden Sie zum Beispiel im Maecenata Stiftungsführer (Literaturverzeichnis). Dort können Sie ersehen, welches Fördervolumen der Stiftung zur Verfügung steht und welche Projekte und Zwecke überhaupt unterstützt werden.

Wenn Sie eine oder mehrere Stiftungen gefunden haben, von denen Sie denken, daß sie an Ihrem Vorhaben interessiert sein könnten, sollten Sie erst einmal telefonisch vorklären, ob ein Antrag überhaupt Aussicht auf Berücksichtung hat. Die Stiftung wird Ihnen dann schriftliches Informationsmaterial zuschicken, aus denen die Förderbedingungen ersichtlich sind. Falls eine Antragstellung immer noch erfolgversprechend erscheint, müssen Sie nun überzeugend begründen, was Sie vorhaben, wer Sie sind und wie Sie Ihr Projekt inhaltlich und finanziell umsetzen wollen. Dabei sind im Prinzip dieselben Regeln zu beachten wie bei einer öffentlichen Förderung. Wichtig ist es, den Antrag individuell auf die Stiftung hin zu formulieren und sehr sorgfältig darauf zu achten, daß die Zielrichtung Ihres Projekts mit der Zweckbindung der Stiftung übereinstimmt. Gegebenenfalls lohnt es sich, das Projekt so zu „kneten“, daß es in das Förderprofil der Stiftung paßt.

Im allgemeinen sollten Sie sich keine allzu großen Chancen ausrechnen - die Stiftungen werden mit Anträgen überschüttet, und es ist schwer, angesichts der Antragsflut in einer Stiftung Berücksichtigung zu finden. Wissen muß man in jedem Fall auch, daß Stiftungen nur zeitlich begrenzt unterstützen und keine „Basisfinanzierung“ von Etats vornehmen oder Etatlücken schließen, sondern immer nur Sonderaufgaben und befristete Maßnahmen fördern. Im übrigen gilt für Stiftungen wie für öffentliche Mittel, daß man die ordentliche Verwendung der Mittel nachweisen muß.

Eine etwas höhere Chance, eine passende Stiftung zu finden, hat man, wenn man im eigenen regionalen Umfeld sucht. Vielleicht gelingt es dann, zu Vorstandsmitgliedern der Stiftung über andere Kanäle Kontakt aufzunehmen und dort vorzufühlen, ob ein Antrag Unterstützung finden kann. Die Suchtpräventionsstelle einer Kölner Kirchengemeinde hat auf diesem Weg eine Stiftung gefunden, die die Arbeit nicht unerheblich bezuschußt.

• *Förderung durch kircheninterne Mittel*

Auch kirchenintern gibt es verschiedene „Ebenen“ und „Ressorts“, die Fördermöglichkeiten bereithalten. So unterstützt die Evangelische Kirche im Rheinland Projekte zur Bekämpfung der Arbeitslosigkeit in ihren Kirchenkreisen, der Kirchenkreis Aachen wiederum Projekte der Flüchtlingsarbeit in seinen Gemeinden. Wer die Fördermöglichkeiten für eine eigene Initiative ausloten will, sollte sich die „Organigramme“ der verschiedenen kirchlichen Ebenen vor Augen halten und die für den eigenen Arbeitsbereich richtigen Ressorts nach Fördermöglichkeiten abklopfen. An einer gründlichen Telefonrecherche führt dabei kein Weg vorbei. Wichtig ist auch hier, daß Sie bei der Präsentation Ihres Vorhabens ein gut gestaltetes und prägnantes Konzept vorweisen können (vgl. Kapitel „Tips für die Präsentation Ihres Spendenprojekts“). Im übrigen gilt für die Vorgehensweise im Prinzip das zu den „öffentlichen Mitteln“ Gesagte.

Beiträge, Gebühren, Dienstleistungen und Verkauf

Eine wichtige Finanzierungsquelle besteht in Einnahmen aus bezahlten Dienstleistungen im weitesten Sinne, aus Gebühren und Beiträgen sowie aus Erlösen von Benefiz-Veranstaltungen und anderer „Events". Dazu kommen Einnahmen aus Wertstoffsammlungen. Die folgenden Seiten stellen einige Möglichkeiten vor.

• *Beiträge, Gebühren, Preise*

Neben der Kirchensteuer als klassischer Beitragszahlung sind im Umfeld von Kirche, Caritas und Diakonie aber noch andere „Beiträge" möglich und zum Teil auch Praxis, so zum Beispiel die Kindergartenbeiträge, die allerdings gesetzlichen Vorgaben folgen und nicht frei gestaltet werden können. Wo Gemeinden oder Einrichtungen für bestimmte Arbeitszweige Fördervereine oder Förderkreise ins Leben gerufen haben, werden Beiträge erhoben. Und manche Gruppen erheben - ohne Satzung oder vereinsrechtliche Strukturen - geringe Beiträge, mit denen Kosten etwa für Arbeitsmaterial, Kaffee oder Fahrten der Gruppe beglichen werden.

Ähnlich verhält es sich mit Gebühren und Preisen. Während Beiträge regelmäßig gezahlt werden (zum Beispiel zwanzig Mark im Monat für die Teilnahme an der Krabbelgruppe), sind Gebühren und Preise direkt leistungsbezogen: Das Rhetorik-Seminar mit der Erwachsenenbildung kostet 50 Mark für ein Wochenende, für die Teilnahme an einer Kinderfreizeit wird ein Beitrag von 300 Mark erhoben.

Inwieweit die „Preise" bei der Kirche mit den Preisen anderer Anbieter vergleichbar sein können, dürfen oder sogar sollten, kommt immer sehr auf den Einzelfall an. Für Bildungs- und Trainingsangebote werden auf dem freien Markt oft happige Preise genommen. Wenn kirchliche Veranstalter ihre Seminare für wenig Geld feilbieten, wecken sie fast automatisch den Eindruck, daß sie auch nichts wert seien. Insofern sollte die Kirche mit dem Angebot ihrer qualifizierten Kräfte preislich kein Understatement üben, sondern sagen, was sie realistisch kosten.

Auch bei Leistungen von Diakonie und Caritas kann man fragen, wie es mit der Kostendeckung zu halten ist oder inwieweit christliche Nächstenliebe nicht immer ein Zuschußbetrieb ist. Im übrigen ist die Abrechnungspraxis von Leistung zu Leistung sehr unterschiedlich: Während Sozialstationen sich aus Gebühren, Krankenkassen-Erstattungen und Zuschüssen größtenteils völlig refinanzieren, bieten Beratungsstellen Leistungen vielfach kostenlos an, die auf dem freien Markt mit hohen Stundensätzen abgerechnet werden.

Auf der einen Seite wäre es an manchen Stellen also notwendig, Gebühren und Preise zu erheben, die sich an der Qualifikation der Mitarbeiter und am

Marktwert der Leistungen orientieren. Auf der anderen Seite ist es natürlich richtig, Menschen, die wenig Geld haben, auf diese Preise einen hohen Rabatt einzuräumen. Denn es gehört zum Selbstverständnis der christlichen Gemeinde, im Rahmen ihrer Möglichkeiten auch den Bedürftigen zu ermöglichen, was eine profitorientierte Gesellschaft ihnen zunehmend verweigert: Lebensqualität im materiellen, aber auch im geistigen und geistlichen Sinne. Und dazu gehören auch Gesprächs-, Beratungs- und Freizeitangebote, die ihnen auch ohne oder mit wenig Eigenbeitrag zugänglich sind.

Möglichkeiten zu Einnahmen durch Preisgestaltung bieten sich allerdings auch in kleineren Zusammenhängen. Ein Seniorenclub in Aachen, der gut besucht ist und für Kaffee und Sekt regelmäßig (moderate) Preise nimmt, erwirtschaftet damit einen Überschuß, der wiederum eine lebendige Programm-Gestaltung ermöglicht. In den Grenzen der Steuergesetze ist dagegen nichts einzuwenden – im Gegenteil, es fördert die Identifikation der Teilnehmerinnen und Teilnehmer mit dem Angebot, das sie nicht nur nutzen, sondern auch wenigstens zum Teil mit bezahlen.

• *Dienstleistungen*

Oft halten kirchliche Mitarbeiter und Einrichtungen Qualifikationen vor, die sich auch außerhalb der Kirche verkaufen lassen – unter Umständen eine interessante Möglichkeit der Finanzierung zuschußbedürftiger Projekte. So etwa im Evangelischen Krankenhaus in Mülheim an der Ruhr: Die Kantine organisiert nicht nur die Verpflegung für Patienten und Mitarbeiter, sondern offeriert auch einen „Party-Service". Dieser erwirtschaftet ein Plus, mit dem wiederum die betriebswirtschaftlich nicht rentable, aber sehr öffentlichkeitswirksame „Kunst im Krankenhaus" finanziert wird. Ein bundesweit einmaliges Modell.

Dienstleistungen kirchlicher Mitarbeiter kann man auch auf gemeindlicher oder kreiskirchlicher Ebene an Externe „vermieten", wenn sie dafür ein angemessenes Honorar bezahlen. Beispiele: Der Jugendreferent eines Kirchenkreises, der von seinem Arbeitgeber pro Jahr für vier Wochen gegen Refinanzierung an die Landeskirche „ausgeliehen" wird, wo er als Dozent Seelsorge unterrichtet. Oder der Kollege eines anderen Kirchenkreises, der regelmäßig Yoga-Kurse anbietet, und dabei mehr Geld für seinen Arbeitgeber einspielt, als er selbst kostet.

Natürlich sind diese Maßnahmen daraufhin zu prüfen, was sie für steuerliche Auswirkungen haben und ob sie eventuell die Anerkennung der Gemeinnützigkeit gefährden können.

• *Sammlung von Wertstoffen und Briefmarken*

Sammlungen von Altpapier, Altkleidern, Korken und anderen Rohstoffen gehören zu den klassischen Finanzierungsinstrumenten kirchlicher Arbeit. *Alt-*

papier- und Altkleidersammlungen bekommen allerdings immer härtere Konkurrenz durch andere karitative Organisationen und durch kommerzielle Sammler. Die Altkleidersammlungen sind außerdem in Mißkredit geraten, weil sie unter Umständen durch den Verkauf in Länder der sogenannten Dritten Welt die dortige Textilproduktion gefährden. Als zunehmend problematisch erweist sich auch der Verfall der Preise für diese Rohstoffe, seit die Müllsortierung fast flächendeckend Praxis und das Aufkommen etwa an Altpapier entsprechend groß ist. Eine solche Sammlertätigkeit lohnt sich nur da, wo die Arbeitskraft nicht ernsthaft ins Gewicht fällt, wo etwa Jugendliche mehr aus Spaß als aus Erlösinteresse ihre Zeit opfern.

Ein anderer „Wertstoff" ist *Kork:* Das Epilepsiezentrum im Ort Kork bei Kehl am Rhein hat 1991 die Aktion „Korken für Kork" gestartet, mit dem Ziel, die Einrichtung bekannt zu machen, einen Wertstoff zu erhalten, für die Behinderten eine sinnvolle Arbeit zu beschaffen und für die Einrichtung Geld zu erlösen. Inzwischen vertreibt die Einrichtung den Wertstoff „Korkschrot" als Dämmstoff über rund 100 Fachmärkte für biologische Baustoffe im gesamten Bundesgebiet.

Ein weiteres klassisches Sammelobjekt für gute Zwecke besteht in *Briefmarken:* Die Von-Bodelschwinghschen Anstalten Bethel zum Beispiel fördern seit vielen Jahren das Sammeln von gebrauchten Marken, indem sie kleine „Pappbriefkästen" verschicken, in die man die Briefmarken der täglichen Post einwerfen kann. Wenn das Kästchen voll ist, schickt man es nach Bethel, wo Behinderte mit dem Ablösen und dem Verkauf dieser Briefmarken Beschäftigung und Auskommen finden.

Verschiedene Wohlfahrtsverbände stellen Spendendosen auf, in die man nach der Urlaubszeit *Restdevisen* einwerfen kann. Viele Touristen haben solche Münzen bei der Rückkehr aus den Ferien in der Tasche, können sie aber nicht eintauschen und sind gerne bereit, sie für einen guten Zweck zu verschenken.

• *Verkauf von Wohlfahrtsmarken und Telefonkarten*

Eine für Kirchengemeinden wie gemeinnützige Einrichtungen gleichermaßen interessante Einnahmequelle sind auch die traditionellen *Wohlfahrtsmarken.* Das System ist seit langem bewährt: Die – mit besonders hübschen Motiven ausgestalteten – Briefmarken werden mit einem 50prozentigen Aufschlag verkauft, der „Mehrwert" bleibt der verkaufenden Einrichtung zur Finanzierung ihrer wohltätigen Aufgabe. Kirchengemeinden und den Spitzenverbänden der Wohlfahrtspflege angeschlossene Einrichtungen können die Briefmarken bei ihrem Spitzenverband zum „Netto-Preis" (ohne Aufschlag also) bestellen und die Marken dann einfach zum Frankieren benutzen oder mit dem vorgesehenen Aufschlag verkaufen. Gerade Kirchengemeinden könnten von dieser Möglichkeit, Geld für die diakonische Arbeit einzunehmen, stärker profitieren. Kirchgängern etwa nach der sonntäglichen Messe beziehungsweise dem Gottesdienst die Wohlfahrtsmarken zum Verkauf anzubieten, ist nicht sehr aufwendig. Ein Problem ist die zunehmende Differenzierung der Postgebühren in eine Vielzahl unterschiedlicher Einzelgebühren mit ungeraden Pfennigbeträgen (Info-Post etc.), die den Gebrauch von Wohlfahrtsmarken für Firmen schwieriger macht.

Für den evangelischen Bereich erfolgt der Vertrieb der Marken über die Diakona GmbH, den Zentralen Wohlfahrtsmarkenvertrieb für Kirche und Diakonie in Rendsburg.[36] Katholische Einrichtungen können die Marken bei den regionalen Diözesan-Verbänden bestellen – die Adresse erfährt man bei der Caritas-Zentale in Freiburg.

Eine weitere Möglichkeit ist, Telefonkarten „mit Mehrwert" vertreiben. Dazu muß man die Karten mit einem eigenen Aufdruck versehen lassen, was allerdings teuer ist (Größenordnung: 6 Mark pro Karte bei einer Auflage von 1.000 Stück, zuzüglich der Gebühren für die Telefoneinheiten). Nähere Informationen gibt die DT Medien in Frankfurt, die auch Kataloge mit Preis- und Motivübersichten verschickt.[37] Eine zunehmende Schwierigkeit im Hinblick auf den Verkauf von Telefonkarten ist allerdings, daß durch die Verbreitung von Handys der Markt für die Karten enger wird. Als Fundraising-Instrument sind die Karten insgesamt also eher ungeeignet.

• *Ideen für Fundraising-Events*

Benefiz-Konzert, Basar oder Gummienten-Rennen für die Renovierung des Kirchturms: Unter Fundraising-„Events" versteht man Ereignisse oder Veranstaltungen, die der Mitteleinwerbung für einen guten Zweck dienen. Wo mit diesen Veranstaltungen viel Geld verdient wird, muß man die Obergrenzen beachten.[38] In Zweifelsfällen ist es immer besser, kurz mit dem Finanzamt Kontakt aufzunehmen und Herkunft, Höhe sowie Verwendung der Einnahmen zu schildern, anstatt später eine Überraschung zu erleben.

Im folgenden einige Ideen für Ereignisse, bei denen Geld für Ihren guten Zweck hereinkommt.

Bei *Benefiz-Veranstaltungen – Konzerte, Galas, Essen* – erheben Sie einen Eintritt, der ihrem Förderzweck zugute kommt. Meistens ist der Preis wesentlich höher als „normal", dann kann der größte Teil des Eintritts als „Spende" gelten. Oft werden Persönlichkeiten eingeladen, die eine gewisse lokale Prominenz genießen, die auch aus repräsentativen Gründen eine solche Benefiz-Veranstaltung besuchen und die außerdem über Geld verfügen. Das setzt natürlich voraus, daß Sie Kontakt zu diesen „Promis" haben und einen entsprechenden Rahmen schaffen können.

Eine Alternative – etwa bei Benefiz-Konzerten – ist, daß die Eintritte eine übliche Höhe haben, die Künstler aber auf ihre Gage verzichten. Da Künstler, vor

36 Wohlfahrtsmarken: Diakona GmbH, Gartenstr. 32, 24768 Hamburg, Tel.: 04331/130511 und Deutscher Caritas-Verband, Postfach 420, 79004 Freiburg, Tel: 0761/2000.

37 DT Medien, Tel.: 069/26820.

38 Näheres im Kapitel „Kirchen-Sponsoring".

allem Musiker, häufig um Benefizauftritte angegangen werden, wird man nicht immer Erfolg mit dieser Bitte haben. Selbstverständlich sollte sein, daß eine Veranstaltung, für die sich ein Künstler kostenlos zur Verfügung stellt, professionell beworben wird: Erstens, um das ehrenamtliche Engagement öffentlich zu würdigen (Image-Gewinn für den Künstler), zweitens natürlich, um durch Eintritte auch entsprechend hohe Einnahmen für den guten Zweck zu erzielen.

Im Mutterland der Benefiz-Veranstaltungen, in den USA, sind seit langem auch Lotterien und Tombolas erfolgreicher und unverzichtbarer Bestandteil von Fundraising-Events. Ein bißchen Nervenkitzel erhöht die Bereitschaft, noch ein paar Mark zusätzlich zu „spendieren". Warum also für die Gäste nicht die Möglichkeit schaffen, selbst etwas zu gewinnen? Eine Tombola mit Sachpreisen (die man vielleicht sogar „gestiftet" bekommen hat) oder eine Lotterie mit der Möglichkeit eines Geldgewinns können hierzu Anreize bieten. Allerdings setzt der Gesetzgeber auch hier Grenzen: Eine solche Tombola darf maximal zweimal im Jahr durchgeführt werden und für die Einnahmen gelten die Freigrenzen, die für andere geschäftliche Betätigungen auch gültig sind.

Die Zahl von Aktionsmöglichkeiten auf Gemeindefesten und ähnlichen Veranstaltungen zur Einspielung von Geld ist nahezu unbegrenzt. (Fast) alles, was Spaß macht und wofür die Leute bereit sind, Geld auszugeben, kann in irgendeiner Weise als Fundraising-Instrument eingesetzt werden. Ein verrücktes Beispiel: Gummienten-Rennen auf dem Dorffluß – ein Riesenspaß, bei dem man manche Mark verdienen kann. Die Idee: Die Teilnehmer „setzen" einen Betrag auf eine Plastik- oder Gummiente, die entsprechend mit einem Klebeband gekennzeichnet wird. Bis zu 50 Enten starten von einer bestimmten Linie aus und treiben durch die Strömung mit unterschiedlicher Geschwindigkeit den Fluß oder Bach hinunter. Anfeuern ist erlaubt, nachhelfen leider nicht. Der Sieger bekommt einen Preis. Die Enten, die billig im Großhandel eingekauft oder sogar nur geleast werden, kommen beim nächsten Rennen neu zum Einsatz oder werden an die Teilnehmer verkauft. Wettbewerbsspiele dieser Art gibt es jede Menge – am schönsten sind die selbst ausgedachten, und solche, die in irgendeinem Zusammenhang mit dem Fundraising-Projekt stehen.

Eine weitere Alternative ist der *Warenverkauf mit „Aufschlag"*. Im kirchlichen Raum klassisch sind zum Beispiel die Waren der „Eine-Welt-Läden". Im eigenen Ladenlokal oder nach der sonntäglichen Messe werden Kaffee, Tee und kunsthandwerkliche Produkte aus Entwicklungsländern zu einem Preis angeboten, der über dem Marktüblichen liegt. Die Differenz dient einer „fairen" Bezahlung der Hersteller, die ihnen auf dem Weltmarkt verweigert wird.

Aber auch die Finanzierung von Gemeindeprojekten ist über Benefiz-Warenverkauf möglich. So verkaufte die Evangelische Kirchengemeinde Monschau (Eifel) zur Finanzierung der neuen Orgel im Gemeindebereich Lammersdorf einen trockenen Weißwein mit dem schönen Namen „Lammersdorfer Orgeltropfen". Der Erlös kam dem Kauf des Instruments zugute – dem Reiz, sich ganz uneigennützig ein Fläschchen zu gönnen und damit etwas Gutes zu tun, erlagen erstaunlich viele Gemeindemitglieder ... Von ähnlichen Aktion profitiert auch der Aachener Dompropst, der an einem „Domsekt“ mit drei Mark pro Flasche für die Renovierung des Münsters beteiligt ist. Ein originelles Etikett kann dabei ein zusätzlicher Kaufanreiz sein.

Perlende Geldquelle für den Dom

Zu einer perlenden Geldquelle für den Dom hat sich der „Dom-Sekt“ von Joseph Lesmeister entwickelt. 5000 Mark konnte er jetzt an Dompropst Dr. Hans Müllejans überreichen, da er von jeder verkauften Normalflasche drei Mark und von jedem Piccolo eine Mark für das Münster abzweigte. Foto: Michael Jaspers

Perlende Geldquelle für den Dom – ein Bericht in der Aachener Zeitung vom 6.6.96.

Gleichermaßen spannend und gewinnbringend (weil ein spielerisches Moment enthaltend) sind *Versteigerungen* für einen guten Zweck. Voraussetzung ist, daß Sie etwas einigermaßen Attraktives anzubieten haben: alte Bücher, Kunst, Antiquitäten. Diese dürfen natürlich keine fünfstelligen Summen kosten, aber es sollte auch nicht der letzte Ramsch sein. Vielleicht finden Sie Menschen, die – etwa aus einem Nachlaß – solche Dinge spenden? Eine Variante zur klassischen Versteigerung (vielleicht im Rahmen eines Gemeindefestes) ist die amerikanische Versteigerung, bei der der Bieter den Betrag sofort bezahlt, aber das Produkt nur erhält, wenn niemand mehr etwas „drauflegt". Das letzte Gebot gewinnt also, die übrigen haben ihr Geld nicht umsonst, sondern für einen guten Zweck gegeben ...

Tips zur Präsentation eines Spendenprojekts

Erfolgreiches Fundraising ist zur einen Hälfte gezielte Organisations-Entwicklung, zur anderen Hälfte Beziehungspflege. Essentieller Bestandteil beider Elemente ist eine Öffentlichkeitsarbeit, die es versteht, das eigene Anliegen auch transparent und nachvollziehbar darzustellen und Vertrauen in die eigene Glaubwürdigkeit zu wecken. Die folgenden Seiten geben einen kurzen Überblick über einige Werkzeuge der Öffentlichkeitsarbeit.

Auf die Vielfalt kommt es an: Medien der Öffentlichkeitsarbeit

Wer informieren, einladen, motivieren oder Förderer gewinnen will, muß wissen, wo er seine Zielgruppen erreicht. Kommunikation ereignet sich dabei auf mehreren Wegen: in der *persönlichen Begegnung* auf der einen Seite und „medial" (über Printprodukte oder elektronische Medien) auf der anderen Seite. Die personale Begegnung ist dabei immer die beste: Im unmittelbaren Kontakt können Sie am ehesten ein Vertrauensverhältnis aufbauen. Oft ist die mediale Kommunikation aber unentbehrlich: Wenn etwa die Zielgruppe so groß ist, daß sie nicht anders als etwa über die Zeitung erreicht werden kann. Sie sollten von Fall zu Fall sorgfältig abwägen, welcher „Anspracheweg" für Ihr Anliegen der beste ist.

Kommunikation ereignet sich nach außen – in die Öffentlichkeit hinein – und nach innen: Die eigenen Mitarbeiterinnen und Mitarbeiter zu erreichen, die eigenen Gemeinden und kirchlichen Einrichtungen zu informieren, ist ein ganz wichtiger Baustein der Öffentlichkeitsarbeit. „Public relations begin at home", so lautet ein alter Grundsatz. Denn zufriedene Mitarbeiterinnen und Mitarbeiter, die die Ziele ihrer Einrichtung kennen und in ihren Außenkontaken auch offensiv unterstützen, sind die besten „Werbeträger". Wer eine fundierte Öffentlichkeitsarbeit aufbauen will, sollte also „innen" anfangen.

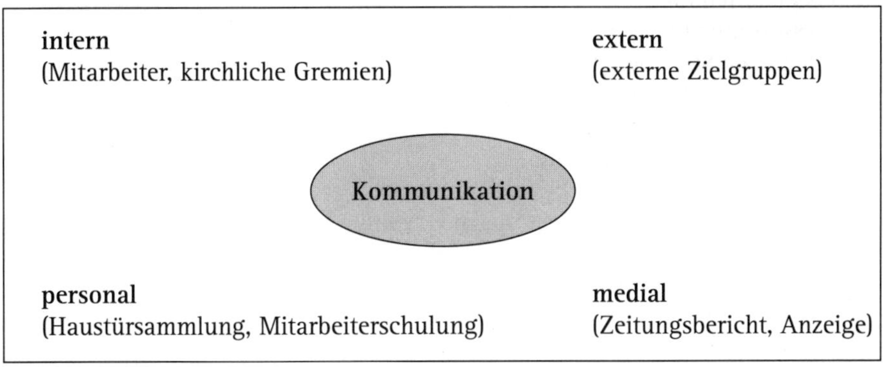

Kommunikationsmuster

Wer in der Öffentlichkeit auf ein Projekt aufmerksam machen will, ist dabei keineswegs nur auf die Lokalpresse als „Kontaktmonopolistin“ angewiesen, sondern kann auf der Klaviatur der Kommunikationswege viele Tasten anschlagen. Die folgenden Übersichten zeigen, welche Bausteine der internen und externen, der personalen wie der medialen Kommunikation Ihnen zur Verfügung stehen. Sicherlich fallen Ihnen aus Ihrer Arbeit noch weitere Kommunikationswege ein!

■ *Bausteine externer medialer Kommunikation:*
- Anzeigen
- Aufkleber, Buttons
- Ausstellung
- Begrüßungsbrief, briefliche Einladung
- Broschüre
- Dia-Schau
- Flugblatt
- Gemeinde- oder Pfarrbrief
- Gemeindewegweiser
- Handzettel
- Hinweisschilder im Straßenbild
- Hörfunk
- Info-Stand in der Innenstadt
- Internet
- Jahresberichte
- Jubiläumsschriften
- Gebäude: Gestaltung der Räume, Schilder, Gesamteindruck
- Leserbriefe
- „Logo“ auf Briefen, Plakaten usw.
- Lokalfernsehen
- Info-Briefe an Multiplikatoren
- Plakate
- Pressemitteilung
- Pressekonferenz
- öffentliche Stellungnahmen
- Schaukästen der Gemeinden
- Spendenbriefe/ Mailings
- Transparente an Gebäuden
- Video
- Zeitungen für spezielle Zielgruppen (Jugendliche, Senioren)

■ *Bausteine externer personaler Kommunikation:*
- Besuchsdienst für Neuzugezogene
- Elternabende
- Gemeindefest und andere Veranstaltungen

- Gottesdienst, Liturgie, Predigt
- Spendensammlung an der Haustür
- Kanzelabkündigung
- Mundpropaganda
- Podiumsdiskussion
- Runder Tisch
- Seminar
- Sprechstunden der Mitarbeiter
- Tage der Offenen Tür
- Telefonieren
- Trödelmarkt, Basar
- Umfragen

■ *Bausteine interner medialer Kommunikation:*
- Archive / Mitarbeiterbibliothek
- „Einrichtungs-ABC" zur Orientierung für neue Mitarbeiter/innen
- Hausmitteilungen / Rundschreiben
- Jahresberichte
- Mitarbeiterzeitschrift
- Pressespiegel
- schriftliche „Unternehmensgrundsätze"
- Schwarzes Brett

■ *Bausteine interner personaler Kommunikation:*
- Einführungsprogramme für neue Mitarbeiter/innen
- Leitbildentwicklung
- Mitarbeiterversammlungen
- regelmäßige Einzelbesprechungen
- Supervision
- Seminare und Fortbildungen
- Team-Sitzungen / Projekt-Gruppen
- Urkundenverleihung (etwa für langjährige Mitarbeit)

Einmaleins der Pressearbeit

Die Presse ist eine unentbehrliche Partnerin für alle, die im „öffentlichen Raum" agieren, die Dienstleistungen verkaufen, Bewußtsein verändern oder für die Teilnahme am Leben etwa einer Gemeinde werben wollen. Doch die Medienlandschaft wird immer vielfältiger, verändert sich immer schneller und hat ihre „eigenen Gesetze". Darum ist es gut, wenn man sich an gewisse Regeln hält, die Reibungsverluste vermeiden helfen. Dazu gehört das Erstellen ordentlicher Pressemeldungen ebenso wie die Organisation eines Pressegesprächs. Im folgenden darum einige Hinweise zum „Einmaleins der Pressearbeit". Im übrigen gilt: Wer einmal die Scheu davor überwunden hat, mit der Presse direkt zusammenzuarbeiten und ein Gespür entwickelt hat, welche Themen „ankommen", wird erstaunt sein, wieviel Interesse die Medien der eigenen Arbeit entgegenbringen.

• *Immer aktuell: der Presseverteiler*

Das A und O einer funktionierenden Pressearbeit ist, einen aktuellen Presseverteiler zu haben. Am einfachsten ist es, wenn Sie sich unter einem Textverarbeitungsprogramm eine Tabelle anlegen, aus der Sie dann mit der Serienbrieffunktion schnell individuelle Anschreiben erstellen können, denen Sie Ihre Nachrichten, Meldungen und Einladungen beifügen. Aber selbstverständlich tut es auch ein gut sortierter Karteikasten, in dem Sie Ihre Ansprechpartner in den Medien festhalten. Der Verteiler sollte den Namen der Zeitung/des Senders, die Redaktion, Ihren Ansprechpartner (im Zweifelsfall der Redaktionsleiter/die Redaktionsleiterin), Adresse sowie Telefon- und Faxnummer enthalten.

Dabei sollten Sie nicht nur an die Tageszeitungen denken, sondern das ganze Spektrum der in Frage kommenden Medien beachten. Hierzu gehören:

- Tageszeitungen
- Anzeigenblätter
- Agenturen (KNA, epd, dpa)
- lokale Hörfunk-Redaktionen
- lokale Fernseh-Redaktionen
- Fachzeitschriften
- Kirchenzeitungen
- Gemeindebriefe
- Stadtillustrierte
- überregionale Zeitungen
- freie Journalisten

Wenn Sie Ihre Pressearbeit neu organisieren, ist das eine gute Gelegenheit, sich den Redaktionen auch einmal *persönlich vorzustellen.* Mit einem Anruf können Sie erfragen, wer für Ihr Gebiet der zuständige Ansprechpartner ist und einen (kurzen) Termin vereinbaren. Bei der Gelegenheit können Sie erfragen, welches Interesse die Redaktion an Ihrer Einrichtung oder Gemeinde hat, welche *Redaktionsschluß-Termine* Sie beachten sollten, damit Ihre Meldungen rechtzeitig ankommen und *welche Hintergrund-Informationen* die Redaktion vielleicht gebrauchen könnte. Und für Ihre weiteren Kontakte ist es immer vorteilhaft, wenn Ihre Redakteurin oder Ihr Redakteur Sie schon einmal gesehen hat und mit Ihnen ein Gesicht verbindet.

Im übrigen lebt Pressearbeit auch von *Kontinuität.* Machen Sie es sich zum Vorsatz, in einem bestimmten Zeitabstand (monatlich, vierteljährlich, je nach Größe Ihrer Einrichtung) etwas von sich hören zu lassen. Es gibt immer Themen, die Anlaß für eine Berichterstattung sein können, zum Beispiel

- Personalnachrichten aus Ihrem Haus (Namen sind Nachrichten, und oft sind Mitarbeiter aus kirchlichen Einrichtungen vielen Menschen am Ort bekannt, was sie auch für Zeitungen interessant macht),
- am Kirchenjahr oder an bestimmten Gedenktagen orientierte Themen (jährliche Fastenzeit, „Tag des Kindes"),
- neue Arbeitsbereiche, die Sie eröffnen,
- bauliche Veränderungen,
- Jubiläen,
- politische Diskussionen und Konflikte, zu denen Sie Stellung beziehen,
- Veranstaltungen, die Sie organisieren,
- Feste, die Sie feiern,
- Gruppen, zu denen Sie einladen,
- eine Initiative, zu der Sie aufrufen,
- ein erfolgreiches Spendenprojekt, das Sie durchgeführt haben.

Es sind also mehr „Stoffe" interessant, als die meisten Gemeinden und kirchlichen Einrichtungen glauben. Trotzdem sollten Sie sich vor Augen halten, daß Redaktionen über „Neuigkeiten" berichten – und Ihr Themenangebot entsprechend aufbereiten. Es sollte also schon im ersten Absatz deutlich werden, was der *„Aufhänger"* Ihrer Meldung ist, das heißt, warum Sie sich jetzt an die Öffentlichkeit wenden. Aktuell zu berichten heißt auch, daß Sie *zeitnah berichten:* Wenn eine Veranstaltung eine Woche zurückliegt, ist Ihr Bericht für die Tagespresse nicht mehr interessant.

Wichtig ist außerdem, daß Sie Ihre Meldung oder Ihren Bericht möglichst so verfassen, daß die Redaktion Ihr Textangebot mit wenigen Änderungen übernehmen kann. Denn Redaktionen arbeiten immer unter erheblichem Zeitdruck, und je weniger Arbeit ein Text macht, desto höher die Chance, daß er abgedruckt wird. Folgende Regeln können Ihnen beim Verfassen brauchbarer Texte helfen.

• *Kurz und knackig: eine Meldung schreiben*

Eine Meldung oder eine Ankündigung muß immer die berühmten „W-Fragen" beantworten. Das klingt banal, aber oft genug fehlt eine der Informationen, und die Redaktion muß sie dann nachrecherchieren – was sie nicht immer tun wird (Alternative: Papierkorb ...). Achten Sie also darauf, daß folgende Fragen beantwortet werden.

- **Was** ist die Nachricht, worum geht es?
- **Wer** ist Veranstalter, meldet sich zu Wort, ist Ansprechpartner?
- **Wann** ist das angekündigte Ereignis (Tag, Uhrzeit)?
- **Wo** findet es statt?
- **Warum** passiert etwas, was ist der Hintergrund?
- **Wie** spielt sich das Ereignis ab?

Daneben sind gegebenfalls weitere Fakten wichtig – etwa: Wo können Leser/Hörer telefonisch weitere Informationen bekommen oder sich anmelden, was kostet die Teilnahme an einer Veranstaltung etc.

Für den Aufbau einer Meldung gilt, daß *das Wichtigste an den Anfang* gehört. Denn: gekürzt wird in der Regel von hinten nach vorne. Wenn alle „Essentials" im ersten Absatz stehen, kann der Rest zur Not wegfallen, ohne daß der ganze Bericht umgeschrieben werden muß.

Zu beachten ist auch: In jedem Fall sollten Sie auf eine Seite nur eine Meldung schreiben und auf jeder Seite angeben, an wen sich die Redaktion mit *Nachfragen* wenden kann. Außerdem sollten Sie alles, was Sie an die Medien herausgeben, eineinhalb- oder zweizeilig verfassen und mit einem breiten *Rand* versehen, damit die Redaktion dort Korrekturen anbringen kann.

Im übrigen gilt: Schreiben Sie lesbar! Das heißt konkret, daß Sie

- keine Fremdwörter und keinen Fachjargon verwenden,
- keine Abkürzungen benutzen,
- aktivisch formulieren (keine Passive!),
- kurze Sätze bilden,
- bildhaft und farbig texten,
- viele Verben und Adjektive, wenige Substantive verwenden,
- Namen immer vollständig mit Vornamen und Funktion anführen,
- auch einmal ein Zitat einstreuen, um eine Meldung stilistisch aufzulockern.

Journalisten freuen sich immer über *„Fakten"*, etwa über die Zahl der Beratungen, die Sie durchführen, über die Kirchenein- und austritte, über den Haushalt Ihrer Gemeinde. Wenn Sie zur Verabschiedung des Organisten sagen können, daß er in seinen 40 Dienstjahren 1.671 Gottesdienste begleitet hat, ist das spannender, als wenn Sie nur auf die „langjährige Mitarbeit" hinweisen. Und wenn Sie Spenden für die Renovierung eines Jugendhauses suchen, rechnen Sie doch einmal aus, wieviele Jugendliche im Laufe der letzten 20 Jahre in den Genuß der Einrichtung gekommen sind! Zahlen müssen nicht immer trocken sein.

Ihre Meldungen oder Ihre Berichte gewinnen auch, wenn Sie sie mit einer *Überschrift* versehen. Sie sollte aus zwei Zeilen bestehen: Die Hauptüberschrift (Schlagzeile oder Headline) soll den Leser neugierig machen – und der Redakteur ist Ihr erster Leser. Beispiel: „Lust auf Leipzig". Die Unterzeile sagt dann in aller Kürze, worum es geht: „700 Stuttgarter fahren zum Kirchentag".

• *Der „Waschzettel"*

Wenn Sie die Redaktionen zur Berichterstattung über ein Ereignis einladen und am nächsten Tag in der Zeitung einen Artikel finden, der nur entfernt an ihre Veranstaltung erinnert und außerdem noch ein halbes Dutzend Fehler enthält, ist das ärgerlich. Doch meistens auch vermeidbar: Journalisten, die am Tag drei Termine wahrnehmen, können nicht den Karnevalsverein genauso gut kennen wie die Strukturen der Kommunalpolitik und die Gepflogenheiten der Kirchengemeinde. Sie helfen den Mitarbeiterinnen und Mitarbeitern der „schreibenden Zunft" und tun sich selbst einen großen Gefallen, wenn Sie auf einem „Waschzettel" alles Wissenswerte und Wichtige über das Ereignis und über Ihre Gemeinde oder Einrichtung festhalten und den Journalisten vor Ort in die Hand drücken.

Auf den Waschzettel gehören:

- Eckdaten über die Einrichtung: Größe, Haushalt, Alter, Aufgabengebiete,
- Ansprechpartner mit Funktionsbezeichnung und Telefonnummer,
- Namen (Vor- und Zunamen), Funktionen und wichtige Daten der am Ereignis beteiligten Personen (auch prominenter Gäste),
- Programm der Veranstaltung mit Uhrzeiten,
- Zahlen (Teilnehmer),
- Hintergrund: Warum die Veranstaltung? Reaktion worauf? Haben Sie schon mehrere Veranstaltungen in dem Kontext gemacht?
- Kurioses und Wissenswertes, was einen Bericht auflockern könnte.

Ein Waschzettel sollte auf der anderen Seite auch nicht überfrachtet werden: In fünf Minuten muß man alles Wesentliche erfassen können.

• *Ein Pressegespräch organisieren*

Bei manchen Anlässen ist es sinnvoll, zu einem Pressegespräch oder zu einer Pressekonferenz einzuladen. Allerdings sollten Sie vorher überlegen, ob eine Meldung oder ein selbst geschriebener Bericht nicht denselben Zweck erfüllen kann. Denn ein Pressegespräch lohnt sich - aus der Sicht der Journalisten - nur dann, wenn sie auch wirklich etwas Neues hören, was vielleicht Anlaß zu direkten Nachfragen ist und wofür Hintergründe wichtig sind - kurz: was sie über eine Meldung oder Mitteilung so nicht hätten erfahren können. Denn Redaktionen bekommen eine Fülle von Einladungen zu Pressegesprächen und Terminen, die sie gar nicht alle wahrnehmen können. Wenn sie das Gefühl haben, „umsonst herausgekommen zu sein", werden sie möglicherweise Ihrer nächsten Einladung nicht mehr folgen.

Wenn Sie zu einem Pressegespräch einladen, ist ein zeitlicher Vorlauf von ein bis zwei Wochen richtig. Wählen Sie einen Termin am Vormittag: 11 Uhr ist in der Regel eine günstige Zeit für Redaktionen. Nennen Sie in der Einladung das Thema und machen Sie es in wenigen Sätze interessant, ohne schon in die Einzelheiten zu gehen. Sagen Sie außerdem, wer als Gesprächspartner für die Presse anwesend sein wird.

Eine „Anmeldung" zum Pressegespräch sollte nicht unbedingt notwendig sein (Redaktionen disponieren oft sehr kurzfristig); sinnvoller ist es, zwei Tage vorher telefonisch in der Redaktion nachzufragen, wer gegebenenfalls als Gesprächspartner kommt. Redaktionen, die der Einladung aus terminlichen

Gründen nicht folgen können, sind oft trotzdem an schriftlichen Unterlagen interessiert, die Sie ihnen dann zuschicken sollten (allerdings erst nach dem Termin).

Zur Vorbereitung des Gesprächs beachten Sie Folgendes:

- Die Zeit sollte eine Stunde nicht überschreiten.
- Ein Moderator sollte durch das Gespräch führen, die Beteiligten zu Beginn vorstellen und auf die Einhaltung der verabredeten Zeit achten.
- Der Einführung in das Thema durch den Hauptverantwortlichen können zusätzliche „Statements“ folgen - von Mitarbeitern, die mit dem Thema direkt zu tun haben, von „Prominenten“ am Ort, die sich für Ihr Projekt einsetzen, von „Betroffenen“ (nicht mehr als zwei bis drei!).
- Sprechen Sie die einzelnen Beiträge vor dem Pressegespräch ab (verschiedene Aspekte des Themas).
- Geben Sie den Journalisten spätestens nach 20 - 30 Minuten Gelegenheit, Fragen zu stellen, und gehen Sie bei den Antworten nicht zu weit ins Detail (gegebenenfalls vertiefende Einzelgespräche nach der Pressekonferenz).
- Wenn Sie Hintergrund-Informationen geben, die nicht zur Veröffentlichung bestimmt sind, sagen Sie dies auch. Journalisten halten sich in der Regel daran.
- Rechnen Sie damit, daß Hörfunk-Journalisten vor oder nach dem Gespräch um einen „O-(Original-)Ton“, daß heißt ein Interview mit dem Mikrofon bitten.
- Halten Sie für die Journalistinnen und Journalisten Pressemappen bereit, die - ähnlich wie der Waschzettel - alle wichtigen Informationen über die Einrichtung, das Thema des Gesprächs und die Gäste enthalten.
- Ein paar belegte Brötchen sowie Kaffee und Tee sind für die Gesprächsatmosphäre förderlich.

Wenn Sie regelmäßig Kontakt zu den Redaktionen Ihres Umfeldes haben, ist es auch eine schöne Geste, wenn Sie Ihre Ansprechpartner einmal im Jahr zum Essen einladen, wozu Sie vielleicht noch einen interessanten Gast aus Ihrem Arbeitsbereich finden! Denn die „Information“ aus konkreten Anlässen ist nur eine Seite Ihrer Pressekontakte, der systematische Aufbau eines Vertrauensverhältnisses die andere, oft wichtigere.

Konzept und Selbstdarstellungs-Broschüre gestalten

• *Was gehört in ein Konzept?*

Für fast alle Projekte, die Sie „verkaufen“ wollen, brauchen Sie ein Konzept, das auf Anhieb die wesentlichen Faktoren ihres Vorhabens erkennen läßt. Es sollte gleichzeitig belegen, daß Sie als kirchliche Einrichtung auch die Fähigkeit besitzen, Ihr Vorhaben überzeugend zu verwirklichen. Ein solches Konzept kann sich an öffentliche oder innerkirchliche Stellen richten, die Sie um Zuschüsse angehen wollen, es kann an „Multiplikatoren“ gerichtet oder für die Presse bestimmt sein.

Je nachdem, wen Sie als Leser vor Augen haben, muß ein Konzept unterschiedliche Bedingungen erfüllen. Möglicherweise müssen Sie auf bestimmte gesetzliche Bestimmungen Bezug nehmen und sich in einem bestimmen „Fachjargon“ üben. Dann kommt es darauf an, diese Punkte klar zu benennen.

In den meisten Fällen – wenn Sie Nicht-Insidern eine Projektidee vorstellen und sie von ihrer Schlüssigkeit überzeugen wollen – wird es wichtiger sein, den Fachjargon gerade zu vermeiden und stattdessen „narrativ“ zu reden, das heißt, eine Geschichte zu erzählen. Eine menschliche Geschichte ist in den meisten Fällen einleuchtender und nachvollziehbarer als jede theoretische Einlassung. Und das Wichtigste: Sie ermöglichen Mitgefühl, also Partizipation – die wichtigste Voraussetzung dafür, daß sich Ihre Leser oder Zuhörer mit Ihrem Projekt identifizieren.

• *Checkliste Konzept-Erstellung*

Inhaltliche Gesichtspunkte:

■ Drücken Sie sich klar und in kurzen Sätzen aus. Benennen Sie in einfachen Worten Ziel, Zielgruppe, Zeitablauf und Kosten Ihres Vorhabens. Sagen Sie, auf welches Problem Sie mit Ihrer Idee reagieren wollen und wie Ihre Lösung aussieht.

■ Erläutern Sie Ihren Lösungsansatz mit ein oder zwei konkreten Beispielen, die plastisch und direkt nachvollziehbar sind.

■ Portraitieren Sie in aller Kürze Ihre Einrichtung: Welche Ziele hat sie, wie ist ihre Organisation, wer handelt verantwortlich, über welche Ressourcen verfügt sie (Personal, Know-how, effiziente Verwaltung), welche Programme und Projekte hat sie bereits erfolgreich durchgeführt.

Formale Gesichtspunkte:

■ Egal, ob Sie mit dem Konzept Mitglieder des Kirchenvorstands oder die lokale Presse informieren wollen: Gehen Sie nicht über drei bis sechs Seiten Text hinaus.

■ Übersichtlichkeit ist ganz wichtig. Lassen Sie bei einem Konzept immer einen breiten Rand (1/3 der Seite), schreiben Sie 1 1/2-zeilig oder sogar 2-zeilig, drucken Sie zentrale Stichworte fett.
■ Nennen Sie immer die Einrichtung, den Ansprechpartner und die Telefonnummer, unter der Sie für Nachfragen erreichbar sind.

Halten Sie sich vor Augen, daß die meisten Menschen heute mit Papier überschüttet werden und keine Zeit haben, alles zur Kenntnis zu nehmen. Wahrscheinlich geht es Ihnen auch so: Wenn Sie die Post durchsehen und auf ein Schreiben treffen, daß Ihnen nach fünf Sekunden Prüfung immer noch nicht wichtig erscheint, werfen Sie es weg. Verfassen Sie also alles, was Sie schreiben, so, daß dem Leser nach fünf Sekunden klar ist, worum es geht und warum er fünf weitere Minuten investieren sollte, um das Papier ganz zu lesen. Denken Sie daran: Zeit ist die kostbarste Ressource des Menschen, und es ist das Recht eines jeden, damit sparsam umzugehen.

• *Selbstdarstellungs- oder „Image"-Broschüre*

Wenn Sie für ein Projekt – eine Suchtberatungsstelle, eine konfessionelle Bücherei, einen Kindergottesdienst-Kreis – um Spenden werben oder einen Förderkreis aufbauen wollen, hilft Ihnen eine Selbstdarstellungs- oder "Image"-Broschüre, die als Faltblatt oder kleines Heft gestaltet sein kann.

Achten Sie bei der Broschüre auf folgende Punkte:
■ Legen Sie Wert auf eine ansprechende Umschlag-Gestaltung, die durch Text und graphische Gestaltung neugierig macht und gleichzeitig verdeutlicht, wer hinter dem Produkt steckt.
■ Verwenden Sie innerhalb ihrer Selbstdarstellung bildliche Elemente, am besten gute Fotos aus der eigenen Arbeit.
■ Auch hier gilt: Erzählen Sie keine Theorie, sondern Geschichten von Menschen: Lassen Sie eine Kindergarten-Mutter berichten (wenn der Kindergarten sich darstellt) oder zwei Damen, die im Altenheim Freundschaft geschlossen haben (wenn das Altenheim ihr Thema ist). Das sagt viel mehr, als wenn Sie die Präambel des Hauses abdrucken.
■ Zeigen Sie – selbstverständlich auch im Bild -, wer in der Einrichtung arbeitet. Das ist keine Eitelkeit, sondern ein Service am Leser, der schließlich wissen will, mit wem er es zu tun bekommt, wenn er mit Ihnen in Kontakt tritt. Sie wirken dadurch offen und glaubwürdig.
■ Schreiben Sie in einem „Service-Teil" übersichtlich und klar, welche Mitarbeiterin und welcher Mitarbeiter für welche Aufgaben zuständig sind, wann und wie sie zu erreichen sind (Sprechstunden, Telefon, Fax), und wie die verschiedenen Verantwortlichkeiten miteinander zusammenhängen („Organigramm"). Das erleichtert dem Benutzer einen reibungslosen Zugriff auf ihr Angebot. Denn wer fünfmal vergeblich angerufen hat, wird sich bei einer anderen Einrichtung umsehen – und das wollen Sie vermeiden.

■ Eine solche Broschüre wird nicht jedes halbe Jahr neu aufgelegt: Es lohnt sich also (und es zahlt sich aus), einen Graphiker mit der Aufgabe zu betrauen. Denn der Eindruck, den Sie mit einer solchen Schrift machen, ist ganz wichtig für die Entscheidung, ob jemand ihr Angebot wahrnimmt oder nicht: Wirken Sie offen und sympathisch oder eher altbacken und streng, locker und einladend oder eher bürokratisch und umständlich? Vieles davon kann man an einer solchen Selbstdarstellung erkennen.

Ein Logo entwickeln

Zum Einmaleins der Öffentlichkeitsarbeit gehört das einheitliche Erscheinungsbild einer Einrichtung, Gruppe oder auch eines Projekts. Das heißt, daß alles, was Sie herausgeben, auf Anhieb als „Ihres" erkennbar ist, weil Schrift, Farbe und „Logo" für Sie typisch sind und mit Ihnen identifiziert werden. Man bezeichnet das einheitliche Erscheinungsbild als „Corporate Design".

Graphiker bewerten Logos nach folgenden Kriterien:[39]

- nach der Qualität als Blickfang: Welchen Aufmerksamkeitswert hat es?
- nach der Aussagekraft: Welche Information gibt das Logo?
- nach der Originalität: Ist es unverwechselbar?
- nach der „Formqualität": Welchen ästhetischen Wert hat es?
- nach der „Anmutung" oder dem „pragmatischen Wert": Drückt es etwas für die Organisation, das Produkt Typisches aus?

Kurz gesagt, sollte das Logo

- einfach, einprägsam und originell sein,
- schön gestaltet, also ästhetisch sein,
- etwas für Ihre Einrichtung Typisches ausdrücken.

Wie findet man ein gutes Motiv für ein Logo? Lassen Sie sich in einer kreativen Runde Zeit, im Brainstorming-Verfahren einmal Einfälle zu folgenden Themen zu notieren.[40]

- *Woher* kommen wir: Welche Geschichte hat unsere Einrichtung – und was hat uns dabei geprägt?
- *Wo* sind wir: In was für einem Stadtteil oder Ort leben wir – was ist typisch für ihn und für unsere Rolle an diesem Ort?
- *Wer* sind wir: Welches „Profil" haben wir, wollen wir haben: Sind wir eher seelsorgerlich, eher diakonisch, eher sozialpolitisch orientiert? Welche Bilder verbinden sich damit: Harmonie (Kreis), schützender Raum (Dach), Vielfalt oder Einheit ...?
- *Was* wollen wir nach innen und außen für eine Image verkörpern: Aufbruch und Dynamik, oder eher Würde und Seriösität? Welche Bilder fallen uns dazu ein?
- *Wohin* wollen wir als Einrichtung in den nächsten Jahren ...
- Welche *biblischen Bilder* sind uns als Einrichtung wichtig (Taube, Arche, Feuer, Hand, Burg ...)
- Gibt es ein *Gemeinde-Siegel,* das Ausgangspunkt für ein Logo sein könnte?

39 Vgl. Dieter Urban, Gestaltung von Signets, München 1991, S. 73.
40 Ausführlich in K. Rüdiger Durth/Torsten Weiler, Praxisbuch Öffentlichkeitsarbeit, Stuttgart 1995.

- Ist vielleicht der *Name der Einrichtung* eine Quelle für Bilder und damit ein Logo? Läßt sich aus dem Namen selbst oder aus einzelnen Buchstaben ein Logo ableiten?
- Ein *typisches Gebäude* kann Material für ein Logo sein – wenn es das ist, womit Sie sich am meisten identifizieren. Aber Vorsicht: Ein Gebäude ist leicht verwechselbar und es muß sehr stark stilisiert werden, wenn es sich für ein Logo eignen soll.
- Auch die *Farbe* des Logos ist entscheidend, sie sagt unter Umständen viel über das emotionale „Gesicht" einer Einrichtung aus. Rot steht für nach außen gerichtete Energie, für Dynamik und Macht; Blau signalisiert Ruhe, Tiefe und Phantasie. Gelb wirkt lebhaft, jung und dient als Signalfarbe; Grün drückt Frische, Natur und Willenskraft aus; Violett als Farbe der Kirche steht für Spannung (Körper-Geist, diesseits-jenseits), wirkt magisch und zauberhaft.

Wenn Sie eine ungefähre Vorstellung haben, in welche Richtung Ihr Logo gehen könnte, sollten Sie einen Graphiker zur Unterstützung heranziehen. Je genauer Sie ihm Ihre bisherigen Gedanken schildern, desto treffender wird er Ihre Ideen umsetzen können. Der Graphiker oder die Graphikerin kann dann auch Ihr Briefpapier und Ihre Publikationen mit dem Logo neu gestalten. Das ist zwar eine nicht unerhebliche Investition, aber da Sie mit Ihrem Erscheinungsbild über viele Jahre arbeiten, verteilen sich die Kosten. Die Mühe lohnt sich in jedem Fall, denn Ihr Logo erhöht als wichtiger Baustein des Erscheinungsbilds Ihre Wiedererkennbarkeit und damit mittelfristig auch die Glaubwürdigkeit und Akzeptanz Ihrer Arbeit.

Ein Wort zum Schluß

Die Notwendigkeit, neue Geldquellen zu erschließen, kann man als lästige Nebenaufgabe empfinden – oder als Chance, Menschen neu als Förderer und Unterstützerinnen der Einrichtung oder Gemeinde zu gewinnen. Wer diese Chance ergreift und sich auf den Weg macht, wird die Beziehungs-belebende Wirkung einer durchdachten Fundraising-Konzeption spüren. Denn letztlich geht es beim Fundraising für die Kirche um nichts anderes als um die Beziehungen von Menschen zu ihren Gemeinden und um die Überzeugungskraft dessen, was Gemeinden und kirchliche Einrichtungen für Menschen tun.

Daß dabei die Finanzierung der kirchlichen Arbeit auf neue Füße gestellt wird, ist ein wichtiger, aber nicht der einzige Aspekt. Denn auch wenn eine neu erschlossene „Quelle" nach einiger Zeit wieder versiegt, bleibt der inzwischen fundraising-erfahrenen Einrichtung oder Gemeinde doch eins: das Know-how, die Ziele der eigenen Arbeit anschaulich zu benennen und Menschen als potentielle Unterstützer vom Sinn und der Notwendigkeit der eigenen Arbeit zu überzeugen.

Weil es beim Fundraising nicht um anonyme Geldquellen, sondern um lebendige Beziehungen zwischen Menschen geht, erleben kirchliche Einrichtungen und Gemeinden diese neue „Kulturtechnik" an vielen Orten als Impuls, ihre Arbeit insgesamt neu zu strukturieren. Auf ihre Mitglieder und auf die Öffentlichkeit mit einer klaren und einladenden Botschaft zuzugehen, anstatt sich verschreckt zurückzuziehen: Das ist die Antwort, mit der christliche Gemeinden neue Ressourcen erschließen und neue Kraft finden, auf die Herausforderungen der Zeit zu reagieren.

Wenn diese Antwort gelingt, kann sich die Notwendigkeit, neue Geldquellen zu erschließen, indirekt sogar als heilsam für die Kirche erweisen. Zu wünschen ist, daß diese Neuorientierung an vielen Orten gelingt. Wo dieser Band über die Praxis des Fundraising eine Hilfe dazu war, hat er seinen Sinn erfüllt.

Glossar

Akquirieren
Akquirieren bedeutet im Zusammenhang von Fundraising: „Einwerben, zu gewinnen versuchen". „Spenden akquirieren" heißt: „Spenden einwerben" oder „versuchen, Spenden zu gewinnen". Das entsprechende Hauptwort ist „Akquise".

Corporate Identity
Abgekürzt: CI – auf deutsch: „Unternehmens-Identität". CI bezeichnet die Vorstellung, daß eine Organisation menschliche Züge hat: Sie verkörpert bestimmte Eigenschaften, hat eine bestimmte „Identität". Das gilt auch für ein kirchliches Seniorenheim oder eine Kirchengemeinde: Eine Gemeinde zum Beispiel kann eher sozialpolitisch orientiert sein oder sich als glaubensstark und missionarisch beschreiben. An der Corporate Identity zu arbeiten, bedeutet, die Eigenschaften nach außen hin erkennbar zu verkörpern – zum Beispiel durch Veranstaltungen, die die Corporate Identity unterstützen, aber auch durch ein einheitliches Erscheinungsbild auf Briefbögen, Gemeinde- oder Pfarrbrief und Plakaten. Dazu kann auch ein wiedererkennbares „Logo" dienen.

Event
Ein „Event" ist ein Ereignis, das bewußt eingesetzt wird, um Aufmerksamkeit zu erregen und die Öffentlichkeit für ein bestimmtes Thema zu interessieren. Oft bieten Events auch für die Presse einen Anlaß, mit Bild und Wort über einen Stoff zu berichten, der ohne dieses Ereignis möglicherweise nicht interessant gewesen wäre. Solche Events können Konzerte, Feste, Podiumsdiskussionen oder Kunstaktionen sein, aber auch spektakuläre Aktionen wie Besetzungen, Blockaden oder anderes (Greenpeace).

Fundraising
Den amerikanischen Terminus „to raise funds" könnte man mit „Quellen aufschließen" ins Deutsche übertragen. Fundraising bezeichnet dabei zusammenfassend alle Aktivitäten, die sich auf die Beschaffung von Ressourcen (Zeit, Geld, Sachmittel) für einen bestimmten Zweck richten. Die Palette möglicher „Fundraising-Maßnahmen" reicht vom Einwerben von Einzelspenden bis zum Erschließen öffentlicher Fördermittel. Die „Kulturtechnik" des Fundraising hat ihre Heimat in den USA, weil dort soziale Einrichtungen weniger als bei uns vom Staat unterstützt werden und sich in der Regel aus einer Vielzahl verschiedener Quellen speisen. Solche Quellen aufzuschließen und zu pflegen, ist die Aufgabe von „Fundraisern".

Image
Das Image ist das Bild, das eine Einrichtung oder Organisation in der Öffentlichkeit wachruft. Eine diakonische Einrichtung kann das Image haben, teuer,

unfreundlich und unflexibel zu sein, oder – umgekehrt – in dem positiven Ruf stehen, sich durch das besondere „christliche" Engagement der Mitarbeiterinnen von konkurrierenden, profitorientierten Anbietern abzuheben. Das Image einer Organisation oder Einrichtung ist ganz entscheidend für die Nachfrage oder das Spendenaufkommen. Die Frage der „Imagepflege" ist darum für jede Organisation von zentraler Bedeutung.

Image-Transfer
Image-Transfer bedeutet, daß eine Einrichtung ihren guten Ruf, ihr positives Image, auf eine andere Einrichtung oder ein Unternehmen überträgt beziehungsweise verkauft. Wenn zum Beispiel die Bekleidungskette C&A das „Kinder- und Jugendtelefon" des Kinderschutzbundes als Sponsor unterstützt, ereignet sich ein „Image-Transfer" vom Kinderschutzbund hin zu C&A: Der gute Ruf des Kinderschutzbundes wird in der Öffentlichkeit unbewußt auf C&A übertragen, die Öffentlichkeit assoziiert mit C&A nun „kinderfreundlich". So ein „Image-Transfer" ist natürlich für beide Partner ein sensibles Feld: Als der Vater von Steffi Graf wegen Verdachts auf Steuerhinterziehung verhaftet wurde, hat sich das damit verbundene negative Image der Familie Graf automatisch auf den Sponsor Opel übertragen, der dann das Sponsor-Verhältnis beendet hat.

Non-Profit-Organisation
Eine Non-Profit-Organisation ist nicht profitorientiert, sondern hat „ideelle" Unternehmensziele. Eine Bürgerinitiative ist zum Beispiel eine solche Organisation, oder eine Umweltschutz-Gruppe. Auch die Kirchen sind Non-Profit-Organisationen. Trotzdem wollen auch Non-Profit-Organisationen etwas „verkaufen", nämlich eine „Einstellungs-Änderung". Sie wollen Menschen bewegen, ihr Denken und ihr Verhalten zu verändern – eine christliche Gemeinde will Menschen zum Glauben an Gott und zu einem dementsprechenden Lebensstil motivieren.
Für Non-Profit-Organisationen gilt ebenso wie für kommerzielle Unternehmen, daß sie mit ihrem „Angebot" auf einem „Markt" sind. Die Kirchen erfahren zum Beispiel durch die verschiedenen Richtungen der Esoterik eine starke Konkurrenz. Einrichtungen der Diakonie und der Caritas haben andere Wohlfahrtsverbände als Mitbewerber um Kunden. Darum ist es notwendig, daß auch Gemeinden und kirchliche Einrichtungen ihren Markt, das heißt die Menschen mit ihrem Glauben, ihren Fragen und ihren sozialen Bedürfnissen, sehr genau wahrnehmen und ihr Angebot verständlich formulieren.

Mailing
„Mailing" ist das Versenden von Werbematerial auf dem Postweg. Mailing ist ein wichtiger Kommunikationsweg, um eine bestimmte und zahlenmäßig große Zielgruppe mit einem bestimmten Anliegen, etwa einer Spendenbitte, anzusprechen. Durch den Einsatz von Datenbanken ist es inzwischen leicht möglich, Mailings zu „personalisieren", das heißt die Briefe mit persönlicher namentlicher Anrede

zu versehen. Dadurch erhöht sich die Chance, daß die Angeschriebenen den Brief lesen und im beabsichtigten Sinne reagieren.

Marketing
Ein Begriff aus der Wirtschaft, der die Orientierung der Produktion am Markt, das heißt am Bedarf, bezeichnet. Im Zusammenhang sozialer Tätigkeit ist gelegentlich von „Social Marketing“ die Rede: Eine diakonische Einrichtung, die eine (Pflege-)Leistung anbietet, für die es bereits viele andere Anbieter am Ort gibt, hat „am Markt“ weniger Chancen, als wenn sie keine Konkurrenz hätte. Gemeinsam ist produzierenden Unternehmen und den Anbietern sozialer Dienstleistungen, daß sich ein „Austauschprozeß“ ereignet: Ein materieller Gegenstand (ein Auto zum Beispiel) oder eine immaterielle Leistung (eine Pflegetätigkeit) werden gegen Geld verkauft. Wer Spenden sammelt, unterliegt auch den Gesetzen des Marketings: Viele Organisationen konkurrieren um die Spenden der Bürger, und nur wer einen guten Ruf hat, bekommt wirklich Geld. Die „Gegenleistung“ für den Spender besteht dann in dem Wissen, ein gutes Werk getan zu haben. Erfolgreiche spendensammelnde Organisationen erbringen aber noch weitere Gegenleistungen: Sie informieren die Spender beispielsweise regelmäßig über ihre Tätigkeit und verstärken so die „Identifikation“ zwischen Spender und Spendenzweck.

Ressourcen
Fundraising richtet sich auf das Gewinnen von „Ressourcen“, das heißt von Hilfsmitteln, die für die Gestaltung eines Arbeitsbereichs notwendig sind. Die wichtigsten Ressourcen sind: Geld, Zeit (etwa in Form ehrenamtlicher Mitarbeit) und Sachmittel. Spenden sind also nicht nur Geldspenden: Auch Zeitspenden und Sachspenden können wirkungsvolle Unterstützungen einer Arbeit darstellen, und wer an einer Fundraisingkonzeption arbeitet, sollte auch diese Ressourcen nicht aus dem Blick verlieren.

Sponsoring
Sponsoring bezeichnet die Unterstützung einer Persönlichkeit oder einer Einrichtung durch einen Sponsor, meistens ein Unternehmen. Indem der Sponsor Geld etwa für einen Sportler gibt und das öffentlich bekannt macht, profiliert er sich mit dem guten Image des Gesponserten – was seinem Unternehmen neue Kundenschichten öffnet. Der größte Markt ist zur Zeit das Sportsponsoring. Danach folgt das Kultursponsoring. Das „Social Sponsoring“, die Unterstützung sozialer Einrichtungen, ist ein bislang kleiner Markt, der aber an Bedeutung gewinnt.

Zielgruppe
Eine Kommunikationsmaßnahme (einem Spendenbrief etwa) richtet sich sinnvollerweise immer an eine bestimmte „Zielgruppe“, etwa an Senioren, an aus der Kirche Ausgetretene oder an junge Eltern. Denn jede dieser „Zielgruppen“ hat

eine andere Sprache, eine andere Einstellung zur Kirche und hat andere Interessen. Mit einem Spendenbrief alle Zielgruppen erreichen zu wollen, ist nicht möglich. Deswegen ist ein wichtiger Schritt einer Fundraising-Maßnahme, die Zielgruppe präzise zu bestimmen und die Kommunikation genau auf diese Zielgruppe hin abzustimmen.

Literatur

Bücher:

Michael Urselmann
Kommunikationsmuster kirchlicher Spendenorganisationen
in: Fachschriften der Bundesarbeitsgemeinschaft Sozialmarketing e.V., Heft 8
Bietigheim-Bissingen 1997

Peter-Claus Burens
Die Kunst des Bettelns
Tips für erfolgreiches Fundraising
München 1995

Cash Coop Hessen u.a. (Hg.)
Kursbuch Fundraising
Mittelbeschaffung für Selbstorganinisierte Initiativen
Berlin 1994

Dieter Schöffmann
Fund Raising für Initiativen
Verlag Stiftung Mitarbeit
Bonn 1993

Klaus M. Dieterich
So entstehen erfolgreiche Spendenbriefe (Praxisleitfaden 1)
Der Brief kann es allein wohl nicht gewesen sein (Praxisleitfaden 2)
in: Fachschriften der Bundesarbeitsgemeinschaft Sozialmarketing e.V.,
Heft 9 + 12
Bietigheim-Bissingen 1997

Hans-Dieter Weger
Die Stiftung in der Fundraising-Konzeption
in: Fachschriften der Bundesarbeitsgemeinschaft Sozialmarketing e.V., Heft 10
Bietigheim-Bissingen 1997

Dokumentationszentrum Deutsche Stiftungen
Maecenata Stiftungsführer
München 1996

Bundesverband Deutscher Stiftungen e.V.
Verzeichnis der Deutschen Stiftungen
Darmstadt 1997

Bundesverband Deutscher Stiftungen e.V.
Ratgeber für Stifter
Zur Errichtung einer Stiftung
Augsburg/Bonn 1996

K. Rüdiger Durth/Torsten Weiler
Praxisbuch Öffentlichkeitsarbeit
Stuttgart 1995

Kirsten Schiewe
Sozial-Sponsoring. Ein Ratgeber
Freiburg im Breisgau 1995

Marita Haibach
Fundraising. Spenden, Sponsoring, Stiftungen
Frankfurt a.M./New York 1996

Detlef Luthe
Öffentlichkeitsarbeit für Nonprofit-Organisationen
Augsburg 1994

Zeitschrift:

Fundraising Magazin
Non-Profit-Verlag
Postfach 1455
74304 Bietigheim-Bissingen
Tel.: 07142/ 92044
Fax: 07142/ 920049
(zweimonatlich, DM 50.-/Jahr)